Gisela Preuschoff | Rona Mohr

Wer nicht an Wunder glaubt, ist kein Realist

Gisela Preuschoff | Rona Mohr

Wer nicht an Wunder glaubt, ist kein Realist

Über die Kraft der Intuition

Mit Illustrationen von Christine Brand

Kösel

Rona Mohr, Heilpädagogin, Ausbildung zur Kunsttherapeutin, und *Gisela Preuschoff*, Familientherapeutin und Autorin, leiten seit Jahren Kurse zur Förderung der Kreativität und Intuition.

Druck und Bindung: Kösel, Kempten
Umschlag: Elisabeth Petersen, München
Umschlagmotiv: Photonica / Masao Ota
ISBN 3-466-30616-7

Gedruckt auf umweltfreundlich hergestelltem Werkdruckpapier (säurefrei und chlorfrei gebleicht)

Inhalt

Vorwort

Was wirklich zählt, ist Intuition
ALBERT EINSTEIN

Erinnern Sie sich daran, wie Sie als Kind einen Weg entlanghüpften?

Kennen Sie noch dieses Gefühl, ganz im Hier und Jetzt zu sein, diese pure Lebensfreude?

So habe ich mich beim Schreiben dieses Buches sehr oft gefühlt und ich hoffe, das merkt man.

Rona und ich lernten uns in einer Supervisionsgruppe kennen und waren sofort voneinander angezogen. Rona arbeitete mit so genannten verhaltensgestörten und behinderten Kindern und mir fiel auf, dass sie oft *intuitiv* das für diese Kinder tat, was Freude und Entspannung brachte, auch wenn sie sich dabei hin und wieder über die Meinung anderer hinwegsetzen musste.

Später erzählte sie mir auch, dass der Kinderarzt ihre damals neugeborene Tochter für behindert erklärt hatte. Ronas Intuition widersprach dem heftig. Oder wollte sie es nur nicht wahrhaben? Die Tochter ist jetzt vierzehn und so normal, wie pubertierende Mädchen eben sind.

Rona und ich fingen an zusammenzuarbeiten, dabei faszinierte uns das Thema Intuition immer mehr.

Wir taten uns mit anderen Interessierten zusammen und treffen uns regelmäßig, um unsere Intuition zu schulen und uns gegenseitig bei der Klärung wichtiger Fragen zu helfen.

So kam auch dieses Buch zustande. Das Besondere an dieser Gruppe ist, dass wir so viel gemeinsame Freude haben. Es ist so viel Leichtigkeit und Zuversicht zwischen uns. Als ob Engel uns direkt zur Seite stehen.

Natürlich kennt jede und jeder von uns auch das Gegenteil: Trauer und Schmerz, Verletzung und Einsamkeit. Wir erleben jedoch, dass wir letztendlich immer wieder zur Freude zurückgeführt werden.

Weil wir erfahren haben, wie nützlich unser sechster Sinn im Alltag sein kann, möchten wir unsere Erfahrungen und unsere Freude an Sie weitergeben. Es gibt so etwas wie »Hilfe von oben«, die man aber genauso gut als »Hilfe aus der Mitte« oder »Hilfe von unten« bezeichnen könnte. Intuition hat keinen bestimmten Ort. Sie ist überall gegenwärtig, wenn wir uns dafür öffnen.

Die Übungen in diesem Buch sind höchst unterschiedlich. Sie werden Ihnen nicht alle gefallen. Das macht nichts. Im Gegenteil: Machen Sie nur die, die Sie mögen, und gehen Sie spielerisch vor. Spiel und Intuition haben einiges gemeinsam. Beides ist oft mit Freude und Leichtigkeit verbunden und geschieht – meistens spontan – im Jetzt.

Auf keinen Fall sollten Sie sich in eine Übung »verbeißen« und sich ärgern, wenn es nicht klappt!

Nach und nach werden sich ein paar Lieblingsübungen herauskristallisieren und die reichen aus, um erstaunliche Erfahrungen zu machen.

Meine Lieblingsübung ist zum Beispiel die mit der Schatzkiste. Ich führe sie immer aus, wenn es mir schlecht geht und ich nicht mehr weiterweiß. Anschließend geschieht jedes Mal ein kleines oder größeres Wunder. So bekam ich zum Beispiel gleich beim ersten Mal völlig unerwartet einen Scheck geschickt. Zufall? Vielleicht. Ein anderes Mal wurde ich unerwartet eingeladen, erlebte einen atemberaubenden Sonnenaufgang oder erhielt einfach ein tolles Kompliment oder einen netten Brief.

Wir haben die Übungen in diesem Buch nach Themen geordnet, um es übersichtlicher zu machen. Die meisten dieser Übungen sind jedoch auch in einem anderen Zusammenhang nützlich. Deshalb ist es zum Beispiel sinnvoll, die Übungen, die wir dem Thema Familie zugeordnet haben, auch als Single zu überfliegen, denn Sie haben vielleicht eine Gruppe, mit der Sie das eine oder andere ausprobieren wollen, oder ein Team. Sie müssen das Buch also auch nicht von vorn nach hinten lesen. Die Grundlagen stehen allerdings im ersten Teil.

Vertrauen Sie einfach Ihrer Intuition, dann werden Sie schon genau die Seite aufschlagen, die heute für Sie die richtige ist.

Hinweis

Um den Lesefluss zu erleichtern, haben wir uns beim Schreiben dafür entschieden, uns vorzustellen, dass Sie eine Leserin und kein Leser sind, und die notwendigen Personalpronomen usw. entsprechend verwendet. Das bedeutet natürlich nicht, dass Männer die Übungen nicht mit genauso viel Freude und persönlichem Nutzen ausführen könnten. Sie möchten sich bitte gleichermaßen mit angesprochen fühlen.

Intuition
Die innere Schatzkiste öffnen

Seine Intuition zu entwickeln ist eigentlich die Kunst, zu entdecken und zu würdigen, wer man wirklich ist.

SONIA CHOQUETTE

Intuition – was ist das überhaupt? Die Weisheit der inneren Stimme, sagen manche. Aber innere Stimmen habe ich viele und die meisten sind alles andere als weise. Da ist der innere Antreiber, der ständig von »Schneller!« und »Besser!« redet. Die Stimmen meiner Eltern, die »Du solltest ...« und »Du musst ...« sagen. Mein innerer Trotzkopf, der mir die Lust ausredet und meint: »Kein Bock auf irgendwas und außerdem regnet es. Bäh!« Und wenn ich Glück habe, spricht da auch noch eine liebevolle Großmutter zu mir, die meint: »Immer mit der Ruhe, mein Kind. Du schaffst das schon!«

Diese inneren Stimmen sind alle wertvoll und haben ihre Berechtigung. Wir sollten allerdings auf Demokratie achten. Keine darf sich so stark machen, dass die anderen nicht mehr zu Wort kommen. Und es ist auch sinnvoll, Ihren inneren Stimmen die Grundlagen gewaltfreier Kommunikation beizubringen. Danach sind Sätze mit »Du solltest« und »Du musst« zu vermeiden, weil wir alle Menschen sind, die sich frei entscheiden dürfen. Sagen Sie sich innerlich also lieber: Ich entscheide mich dafür, weil ...

Auch die liebevolle Stimme kommt bei vielen Menschen zu kurz. Achten Sie einmal darauf, wie oft oder selten Sie sich selbst Anerkennung und Wertschätzung geben!

Die Intuition ist allerdings kein Teil dieser inneren Stimmen, obwohl sie sich manchmal auch in Worten verständlich macht. Sie ist ganz anders als das, was wir uns täglich einreden.

Spricht die Intuition aus dem Unbewussten zu mir? Wenn wir das Unbewusste als all unsere Erinnerungen und Erfahrungen verstehen, die uns im Moment nicht zugänglich sind, weil wir sie gut weggepackt haben, dann sicherlich nicht.

Vielleicht ist das Unbewusste aber auch mehr. Wenn wir uns in einen Zustand der Trance versetzen, wie wir es im Alltag manchmal ganz von selbst tun, wenn wir »abdriften« oder »wegtreten«, erhalten wir Zugang zu Kraftquellen und einem Potenzial, über das wir im Wachbewusstsein nur staunen können. Mit einiger Übung können wir uns an diese Quellen anschließen und sie nutzen.

Ganz bestimmt hat die Intuition mit unserem höheren Selbst zu tun. Darunter verstand C.G. Jung jenen Teil von uns, der Anschluss zu höherer Weisheit hat, eine Art Geist, der universell ist und uns stets hilfsbereit zur Seite steht. Wir könnten diese Weisheit auch als Engel – die »kosmische Intelligenz« – bezeichnen, als Allbewusstsein oder als wesentlichen Teil unserer Seele.

In ihrem wunderbaren Buch beschreiben Matthew Fox und Rupert Sheldrake Engel als Experten der Intuition. »Sie müssen enge Freunde der Künstlerinnen und Künstler sein und all jener, die mit ihrer Intuition im Einklang sind.« Ganz sicher spricht unser Engel auch durch Intuition zu uns.

Auf jeden Fall ist die Intuition ein Geschenk. Jeder hat es bekommen, manche haben es vergessen, aber immer mehr Menschen profitieren heute davon. Gerade im Management sind Intuitionsschulungen sehr gefragt. Es gibt so viele Probleme, die wir verzweifelt mit dem Verstand zu lösen versuchen, bis wir irgendwann das Gefühl haben, uns im Kreis zu drehen. Wir kommen einfach nicht weiter. Unser Verstand ist eine wertvolle Gabe. Wir brauchen gesunden Menschenverstand und logisches Denken in vielen Situationen. Wenn uns das Denken nicht weiterhilft, können wir es mit Intuition versuchen. Sie ist das Geschenk des Universums an uns selbst. Der Verstand hilft uns, Wissen anzuhäufen. Die Intuition macht uns weise.

Intuition ist Wahrnehmung. Wir sprechen nicht umsonst vom sechsten Sinn. Während unsere fünf Sinne – Sehen, Hören, Tasten, Schmecken, Riechen – nach außen gerichtet sind und dort Daten für uns sammeln, die wir dann im Gehirn verarbeiten, ist der sechste Sinn als einziger nach innen gerichtet. Er erhält seine Informationen aus einer Quelle, die wir mit unseren fünf Sinnen nicht wahrnehmen können, deren Existenz wir aber immer wieder erleben.

Wenn wir unsere Intuition entwickeln wollen, müssen wir unsere Wahrnehmung und damit unsere Sinne schulen. Die Übungen in diesem Buch sind im Wesentlichen Wahrnehmungsübungen. Sie machen uns sensibel für die feinen Kräfte, die täglich am Wirken sind und uns auf vielfältige Weise inspirieren. So werden wir durchlässig für die Weisheit des Kosmos.

Intuition entsteht immer im Jetzt, aus der Kraft der Gegenwart. Unsere Gedanken führen uns in die Vergangenheit oder in die Zukunft. Wenn wir unsere Intuition schulen wollen, müssen wir ganz in der Gegenwart präsent sein, achtsam, wach und offen.

Mir sehr vertraut sind »Geistesblitze«. Vielleicht kennen Sie das auch. Auf einem Spaziergang, beim Kartoffelschälen oder Kloputzen habe ich auf einmal eine Idee, die mich ganz und gar froh macht. Eine richtig tolle Idee, die mich hüpfen lässt. Ich habe mir angewöhnt, diese Ideen entweder sofort »auszubauen«, das heißt weiterzuentwickeln und zu konkretisieren, oder gleich aufzuschreiben. Auch mitten in der Nacht oder mit erdigen Händen. Manche Ideen sind nämlich wie Quecksilber und im Nu verschwunden. Man kann sie schwer halten. Besonders Menschen, die gewohnt sind, sehr rational zu denken, werfen so eine Idee vielleicht vorschnell in den geistigen Mülleimer. »Quatsch!«, denken sie innerhalb von Zehntelsekunden, »das geht nicht.« Begrüßen Sie jedoch jede Idee mit Freude und Wohlwollen, breitet sie sich in Ihnen aus und wirkt anregend. Sie haben sie wahrgenommen und nun kann sie mit Verstand und Hand in die Tat umgesetzt werden.

»Aus dem Bauch heraus« treffen wir manchmal Entscheidungen. Welche Erfahrungen haben Sie damit gemacht? Es lohnt sich, diese Erfahrungen gründlich zu prüfen, damit Sie die Gabe der Intuition besser nutzen können. Unsere Intuition ist der Schlüssel zu dem Wissen, was wann zu tun ist. »Zum rechten Zeitpunkt das Richtige tun«, so der Titel eines Intuitionsbuches – wer möchte das nicht?

Umgekehrt wissen manche Menschen, was sie tun sollten, können es aber nicht umsetzen. Sie sagen dann: »Vom Kopf her ist es mir klar, aber wie bekomme ich es in den Bauch?« Wenn der Bauch Ja sagt, klappt die Sache.

Wenn unser Bauch uns etwas signalisiert, sollten wir ihn demnach ernst nehmen. Es muss nicht immer die Intuition sein, die sich da meldet. Auch Angst ist bei vielen im Bauch zu Hause. Sie möchte angeschaut und beachtet werden. Intuition ist jedoch niemals ängstlich. Wenn sie uns warnt, was durchaus vorkommen kann, ist es eine plötzliche Warnung und nicht die alte, ängstliche Stimme, die wir schon lange aus unserem Inneren kennen.

Intuition ist sehr praktisch und möchte im Alltag beachtet sein. Sie hilft uns, Vertrauen in unsere kreativen Fähigkeiten zu gewinnen und aus dem Vollen zu schöpfen. Intuition ist ein Wissen ohne Verstand. Es kommt aus einer überpersönlichen Quelle und ermöglicht uns, Antworten von zeitloser Qualität und großer Tragweite zu erhalten. Intuition ist nützlich und täglich hilfreich zur Stelle, besonders dann, wenn wir Entscheidungen fällen müssen. Wir werden in diesem Buch zeigen, wie Sie Ihre Intuition mit Ihren Gefühlen und Ihrer Urteilskraft kombinieren können und auf diese Weise Ihre Entschlusskraft vergrößern. Sie können Intuition in Ihr Leben integrieren wie Sport oder Meditation. Und Sie werden dadurch nicht nur Ihr Denken bereichern, sondern auch Ihr Fühlen. Wenn uns die Intuition ein Zeichen gibt und in ihrer Bildersprache oder in Gedanken und Worten zu uns redet, sollten wir zuhören.

Zweifel

> Vertrauen ist eine Oase im Herzen, die von der Karawane des Denkens nie erreicht wird.
>
> KHALIL GIBRAN

Jeder, der anfängt, sich bewusst um intuitives Vorgehen zu bemühen, wird immer auch Zweifel haben. Das ist ganz normal. Letztendlich wissen wir meistens erst hinterher, ob es sich um Intuition oder etwas anderes gehandelt hat. Die Intuition hat immer Recht. Aber ist es auch die Intuition, die uns gerade etwas eingibt?

Wie können wir unterscheiden, ob sich unsere Intuition meldet oder einfach ein Gedanke oder ein Gefühl?

- ★ Die Stimme der Intuition ist niemals streng, ängstlich oder verurteilend.
- ★ Sie verleitet uns nie zu Handlungen, die uns oder andere schädigen.
- ★ Sie raubt uns nie Energie, sondern stärkt uns und lässt ein Gefühl der Leichtigkeit oder Fröhlichkeit in uns aufsteigen.
- ★ Ihre Botschaften sind wohltuend und geben uns das Gefühl, zur richtigen Zeit das Richtige zu tun.
- ★ Intuition kommt blitzartig – es ist der erste Gedanke, der scheinbar aus dem Nichts aufsteigt. Er ist nicht abgeleitet und hat keine Argumente, sondern ist einfach da und verschafft uns ein gutes, »stimmiges« Gefühl.

Bedenken Sie: Schönheit, Freude und Glück können nicht mit dem Verstand erschaffen werden. Sie sind Kinder der Intuition.

Manchmal warnt uns unsere Intuition jedoch auch vor einer Gefahr oder sie rät uns, etwas nicht zu tun.

Solche »Eingebungen« könnten dann leicht mit Gefühlen wie Angst, Schüchternheit, Traurigkeit oder Wut verwechselt werden.

Dass wir diese für uns unangenehmen Gefühle nicht leugnen, sondern bewusst wahrnehmen, ist eine gute Intuitionsschulung. Je mehr wir uns für unsere Emotionen öffnen und lernen, sie auf angemessene, nicht verletzende Weise zum Ausdruck zu bringen, desto leichter fällt es uns auch, sie von unserer Intuition zu unterscheiden.

Hierzu ein Beispiel. Mary war als Klientin zu mir gekommen, weil sie als Kind von ihrem Stiefvater misshandelt worden war. Ihren richtigen Vater hat sie nie kennen gelernt, wusste aber, wo sein Grab war, und hatte es schon – in einem fernen Land – besucht. Als Folge ihrer Kindheitserfahrungen hatte Mary ein geringes Selbstwertgefühl, das wir aber gemeinsam stärken konnten.

Dann verliebte sich Mary nach einer Trennung neu und wollte heiraten. Ihr innigster Wunsch war es, ihrem Verlobten das Grab ihres Vaters zu zeigen und mit ihm eine Flugreise in dieses Land, das Teil ihrer Identi tät ist, zu unternehmen. Darauf freute sie sich sehr. Je näher der Flugtermin jedoch rückte, desto deutlicher hörte Mary in sich eine Stimme, die ihr von dem Flug abriet. »Flieg nicht!«, rief es in ihr. Sie geriet immer mehr in Panik und rief mich schließlich an.

Gemeinsam konnten wir herausfinden, dass sich hier niemand anders als ihr inneres Kind zu Wort meldete, das aus einem Gefühl übergroßer Angst heraus zu ihr sprach. Als kleines Mädchen hatte Mary zu oft erfahren, dass Glück zerbrechlich ist und dass ihr angeblich nichts Gutes zustand. Dieser Teil in ihr verbot ihr regelrecht, glücklich zu sein. Mary tröstete daraufhin ihr inneres

Kind regelmäßig vor dem Einschlafen, indem sie es in ihrer Vorstellung in den Arm nahm, es beruhigte und ihm eine gute Zukunft versprach. Dann flog sie – und verlebte einen wunderschönen Urlaub. Bis heute ist Mary glücklich verheiratet.

Prinzipiell ist es jedoch sehr sinnvoll, auf die Warnsignale des Körpers zu hören und sich dann auch über Konventionen hinwegzusetzen oder eine peinliche Situation in Kauf zu nehmen. So berichtet Angelika Faas von einer jungen Frau, der auf dem Weg zu ihrer Wohnung die Einkaufstüte reißt. Als ihr ein ihr unbekannter Mann zu Hilfe eilt, hat sie ein äußerst unbehagliches Gefühl. Sie sagt ihm, dass sie schon allein klarkomme, was ihn jedoch nicht davon abhält, ihr trotzdem zu helfen. Er folgt ihr trotz ihres zögerlichen Protestes in ihre Wohnung und verspricht, gleich wieder zu verschwinden. Das tut er aber nicht. Schließlich vergewaltigt er sie mehrmals. Als er dann noch das offene Fenster schließt, begreift sie endlich, dass sie in Lebensgefahr schwebt, und kann sich ins Treppenhaus retten. Dieses Beispiel macht deutlich, wie wichtig es ist, in Gefahrensituationen auf unsere Intuition zu vertrauen und entschieden zu handeln.

Ein anderes Beispiel: Eine Gruppe von Touristen wird in Marokko ständig von bettelnden Kindern angehalten. Nach einigen Tagen haben alle genug davon, immerzu Geld und Bonbons auszuteilen. Als sie mit einem Jeep zu einem besonderen Ausflugsziel fahren, werden sie wieder von einer Gruppe winkender Kinder angehalten, die sich auf die Fahrbahn stellen. Jetzt sind die Touristen ärgerlich und bitten den Fahrer, Gas zu geben. Eine innere Stimme rät ihm jedoch, unbedingt anzuhalten. Die Mitfahrer stöhnen genervt auf. Er hält trotzdem. Nun machen die Kinder mit Zeichensprache deutlich, dass sich in geringer Entfernung ein ungesicherter Abhang befindet. Ein Weiterfahren hätte den sicheren Tod bedeutet.

Wenn Sie an Ihrer Intuition zweifeln, ist es also immer sinnvoll zu fragen, ob sich hier ein altes, kindliches Gefühl zu Wort melden könnte oder ob Ihre innere Weisheit zu Ihnen spricht.

Schreiben Sie einfach alle Ihre Gründe auf, die Sie hindern, Ihren Eingebungen zu folgen – gerechtfertigte und nicht gerechtfertigte. Ergänzen Sie die Liste jeden Tag um das, was Ihnen noch zusätzlich einfällt.

Indem wir unsere Zweifel und Ängste bewusst zur Kenntnis nehmen, schaffen wir Klarheit. Das hilft uns, den Weg freizuräumen und mögliche Hindernisse zu beseitigen.

Wenn die Art der Eingebung ganz neu und überraschend für Sie ist, handelt es sich sehr wahrscheinlich um Intuition.

Intuition und Selbstvertrauen

Unsere Wirklichkeit und unsere Möglichkeiten reichen immer nur so weit wie unser Glaube.

GERHARD KUNZE

Es ist kein Wunder, dass viele ihrer Intuition nicht trauen. Oft wird Kindern vermittelt, dass allein Verstandesleistung zählt und dass es darauf ankommt, sich anzupassen und nicht aufzufallen. Es ist auch gang und gäbe, äußere Autoritäten um Rat zu fragen, anstatt der eigenen Weisheit zu trauen. Natürlich ist es sinnvoll, andere um Rat zu fragen oder ihre Erfahrung und ihr Fachwissen für uns zu nutzen. Problematisch wird es dann, wenn wir anderen mehr glauben als uns selbst, das heißt, wenn wir unsere eigene innere Wahrnehmung übergehen, weil jemand anders vorgibt, uns besser zu kennen oder besser zu wissen, was gut für uns ist.

Gerade Frauen mit wenig Selbstwertgefühl und geringem Selbstvertrauen werden anfangs vielleicht nicht auf ihre Intuition hören wollen, weil sie nicht glauben können, solch wunderbare Fähigkeiten zu besitzen. Wenn Sie jedoch ein Intuitionstagebuch führen, werden Sie bald entdecken, wie verlässlich Ihre Intuition ist. Das wird Ihnen wiederum helfen, Ihr Selbstvertrauen zu stärken. Angelika Faas weist darauf hin, dass Intuition und Selbstwertgefühl Hand in Hand gehen.

Menschen, die wagen, sich über Herkömmliches hinwegzusetzen und unkonventionelle Wege einzuschlagen, verfügen sowohl über ein hohes Maß an Selbstwert als auch an Intuition. So zitiert sie zum Beispiel eine bekannte und erfolgreiche Designerin, die in einem Interview mitteilt: »Farbtheorien und wissenschaftliche Ansätze waren nie mein Weg – ich lasse mich vielmehr von meiner Intuition leiten. Auch die veralteten so genannten Regeln ignoriere ich.«

Alte Verletzungen und Gefühle zu heilen und das Selbstwertgefühl zu stärken ist immer sinnvoll. Vielleicht brauchen Sie dafür die Hilfe eines Therapeuten.

Indem Sie an »Hilfe von oben« glauben und offen für Eingebungen aller Art werden, können Sie erfahren, wie Intuition und Emotion zusammenarbeiten. Ihr Selbstwertgefühl wird wachsen, wenn Sie zum Beispiel eine Sehnsucht spüren, einen bestimmten Weg einzuschlagen, und dort einen Menschen treffen, der Ihnen gut tut, oder ein Unbehagen beim Betreten eines bestimmten Gebäudes, in dem Sie dann eine ungute Erfahrung machen. Nach und nach wird Ihr Vertrauen wachsen und Sie werden erkennen, dass es nicht reicht, nur etwas zu fühlen – Sie müssen dann auch entsprechend handeln. Sicherlich ist es auch sehr tröstlich für Sie, sich vorzustellen, dass ein Engel an Ihrer Seite steht, der bereit ist, Sie zu führen und zu beschützen, wenn Sie ihn nur darum bitten. Sie sind es wert!

»Aber ich habe doch schon so viel Schlimmes erlebt!«, fällt Ihnen jetzt vielleicht ein. »Wo war der Engel denn da?« Könnte es sein, dass ein tieferer Sinn in diesen Erfahrungen liegt? In seiner Geschichte »Zweierlei Glück« gibt Bert Hellinger uns ein Gleichnis für den Sinn des schweren Schicksals: Es gibt unserem Leben Einzigartigkeit, Größe und Tiefe.

Wenn Sie selbst ein unangenehmes Gefühl haben, das jedoch nicht berechtigt ist, wie z.B. die Angst vor einer kleinen Spinne oder die Wut über eine Lappalie, gehen Sie mit diesem am besten um wie mit einem kleinen Kind, das Sie lieben: Nehmen Sie es an Ihr Herz und halten Sie es einfach wie ein Baby. Sagen Sie ihm, dass es ein Recht hat, da zu sein, und dass Sie es annehmen, wie es ist. Beruhigen Sie das Gefühl, anstatt es unfreundlich abzulehnen. Verurteilen Sie sich nicht dafür. Auf diese Weise wird Ihr inneres Kind wachsen und sich immer mehr mit Ihrem Erwachsenen-Ich anfreunden. Sie können dann über die Spinne lächeln. Diese Freundschaft zwischen Ihnen und Ihrem inneren Kind wird Ihnen nach und nach helfen, sich selbst mehr zu vertrauen und große und kleine Krisen zu bewältigen.

Körpergefühle

Wer nicht an Wunder glaubt, ist kein Realist.

ARABISCHES SPRICHWORT

Intuition macht sich – genau wie Gefühle – bei manchen Menschen auch direkt im Körper bemerkbar. Rona bekommt zum Beispiel immer eine Gänsehaut, wenn sie spürt, dass etwas stimmt, während ich eine aufsteigende Energie in der Wirbelsäule und ein Kribbeln im Herzbereich wahrnehme. Andere Menschen spüren Intuition ganz klar im Bauch, in den Händen oder im Herzen.

Die nachfolgenden Übungen helfen Ihnen, sich immer klarer darüber zu werden, was Intuition ist und was nicht.

Dennoch wird es immer wieder Zweifel und Irrtümer geben.

Das Gute daran: Gerade die Zweifel und Irrtümer werden Ihre Intuition und damit den Glauben an sich selbst stärken. Sie können ja immer wieder überprüfen, wie viele »Treffer« Sie haben.

Um fundierte Entscheidungen treffen zu können, sollten Sie Verstand, Gefühle und Intuition gemeinsam einsetzen. Intuition ist eine Ergänzung der logischen und emotionalen Intelligenz, kein Ersatz.

Die Intuition entschlüsseln

> Die Aufgabe der Intuition besteht darin, uns an Antworten heranzuführen, die Aufgabe des Verstands und der Gefühle ist es, sie zu formulieren und zu entschlüsseln.
>
> LAURA DAY

Manche Eingebungen sind unmittelbar verständlich. Zum Beispiel, wenn wir ins Bücherregal greifen und ein Buch herausziehen, das genau die Information enthält, nach der wir suchen. Oder wenn wir überlegen, ob wir abnehmen sollen, und dann mittags eine Einladung der Weight-Watchers im Briefkasten finden.

Bei einigen Übungen in diesem Buch brauchen wir jedoch eine Interpretation oder Deutung, ganz ähnlich wie nach einem Traum. Oft werden wir erst im Nachhinein feststellen, wie treffend unsere Intuition war.

So habe ich zum Beispiel einmal die Frage gestellt: Was ist der nächste Schritt? Sie wurde dann blind beantwortet, so wie ich das auf S. 50 beschrieben habe.

Als Antwort erhielt ich ein Bild eines Strandes, an dem ich mit meiner Gruppe saß. Kinder spielten mit Eimer und Schippe. Ich konnte das nicht deuten, hielt es aber in meiner Intuitionsmappe mit Datum fest.

Ein Jahr später aber war genau dieses mir damals unverständliche Bild wahr geworden. Mit meiner Gruppe hatten wir die Gelegenheit erhalten, gemeinsam ein Seminarhaus direkt am Strand zu mieten und im Sommer, als wir mit Renovierungsarbeiten beschäftigt waren, spielten viele Kinder mit Eimer und Schippe am Meer.

Ein andermal fragte ich nach der Zukunft unseres Hauses, für das wir oft zu wenig Geld haben. Ich erhielt das Stichwort »Paarberatung« und sah einen blauen Volvo vor der Tür stehen. Außerdem war die Hausfassade renoviert und der Hof mit Steinen gepflastert. Auch dieses Bild konnte ich nicht deuten. Paarberatung mache ich ja schon lange. Immerhin wiesen Volvo und Renovierung auf Wohlstand hin. Mein Mann fuhr zu der Zeit einen alten Audi 80, dessen TÜV in wenigen Monaten ablaufen würde, und ich habe gar kein Auto. Etwas später geschah Folgendes:

Meine Tochter las wie oft den Tiermarkt in der Zeitung. Dort wollte jemand ein Shetlandpony gegen eine Norwegerstute tauschen. Meine Tochter war sofort begeistert, denn ihr Pony war allmählich zu klein und sie überredete uns, anzurufen und den Tausch zu prüfen. Die Bedingungen, die wir dort für unser Pony vorfanden, gefielen uns nicht. Der ältere Herr jedoch, der die Norwegerstute besaß, öffnete unvermittelt seine Garage und zeigte uns einen blauen Volvo, dessen vordere Seite eingebeult war. Ob wir den nicht kaufen wollten, es sei ein Unfallwagen und er würde ihn preiswert abgeben und auch jemand nennen, der ihn billig reparieren könne. Es war genau das Auto, das ich gesehen und das sich mein Mann schon lange erträumt hatte. Seit einigen Jahren leistet es uns treue Dienste. Die Hausfassade ist allerdings noch nicht renoviert, aber ich bin zuversichtlich.

Inzwischen glaube ich, dass »Paarberatung« darauf hinweist, dass die Auseinandersetzungen zwischen Männern und Frauen für mich ein wichtiges Thema sein werden. Und vielleicht werde ich damit tatsächlich noch einmal viel Geld verdienen.

Wenn Sie also eine Eingebung zum Beispiel in Bildform haben und diese nicht verstehen, schreiben Sie sie auf jeden Fall mit Datum auf. Genauso sollten Sie auch mit Ihren Träumen verfahren. Lassen Sie die Bilder einige Tage auf sich wirken. Dabei ist es hilfreich, sich in einen entspannten Zustand zu versetzen, den Traum noch einmal vor dem inneren Auge vorbeiziehen zu lassen und dann Ihre Assoziationen und alles, was Ihnen

dazu einfällt, aufzuschreiben. Ihre Seele beschäftigt sich ohne jede Anstrengung mit Ihren inneren Bildern und wird Ihnen früher oder später ein »Aha-Erlebnis« bescheren. Manchmal ist es auch sinnvoll, mit einer vertrauten Person darüber zu reden. Aus der Distanz kann ein anderer behilflich sein, etwas wahrzunehmen, was wir selbst vielleicht übersehen haben. Die letztendliche Expertin für Ihre Eingebungen und Träume sind jedoch Sie selbst! (Vgl. auch S. 123.)

Ein Beispiel:

Tina hat Folgendes geträumt:

Sie ist in einem großen Backsteingebäude eingesperrt. Das Gebäude hat auffällig viele Türen und Fenster. Im Traum geht sie von einer Tür zur anderen und rüttelt daran. Keine Tür lässt sich öffnen. Tina hat Angst und wacht auf.

In der Entspannung beschäftigt sich Tina zuerst mit dem Backsteingebäude.

Es wirkte einengend und Angst erregend auf sie. Sie erinnert sich vage, dass ihre Grundschule so ähnlich aussah. Dort hatte sie oft Angst.

Die vielen Türen und Fenster sind eigentlich Fluchtwege. Sehr oft wäre Tina gern aus der Schule gerannt. Im Traum sucht Tina offenbar einen Fluchtweg, Ausweg, findet aber keinen.

Tina denkt darüber nach, was ihr heute im Leben Angst macht. Eigentlich nichts Besonderes.

Das Gebäude scheint für irgendeine Institution zu stehen ... »Ah, natürlich, meine Ehe. Ich fühle mich oft eingeengt und eingesperrt und suche nach einem Ausweg!«

Wenn Tina jetzt entscheiden würde, sich von ihrem Mann zu trennen, wäre das sicherlich voreilig. Der erste Schritt sollte eine Offenbarung ihrer Gefühle sein.

Wenn ihr Mann Bereitschaft zeigt, die Probleme zu lösen, kann sich viel ändern.

Es ist auch durchaus möglich, dass wir irren und eine Botschaft fehlinterpretieren. Intuition macht sich nur selten auf dramatische und grandiose Weise bemerkbar, sie ist meistens ein ganz normales Gefühl von »Das fühlt sich gut an«. So habe ich zum Beispiel einige tausend Mark verloren, weil es sich für mich sehr gut anfühlte, einem Verband für mittelständische Unternehmen beizutreten und mich an einer Messe zu beteiligen. Über beide Themen habe ich sogar lange meditiert und meine Antwort war ein klares Ja. Scheinbar hatte sich hier nur meine Neugier oder mein naiver Optimismus gemeldet. Leben ohne Risiko gibt es nicht.

Das Gute daran: Ich werde beides nie wieder tun. Es war zwar etwas teuer, das herauszufinden, aber wie sonst hätte ich es erfahren können?

Am Start
Der Intuition auf der Spur

> Wenn Kontemplation unsere Möglichkeit ist, die Seele zu erreichen, dann ist schöpferischer künstlerischer Ausdruck die Möglichkeit der Seele, uns zu erreichen.
>
> SONIA CHOQUETTE

Intuition haben wir zwar alle, aber die wenigsten von uns haben gelernt, sie zu schulen. Gerade sehr sensiblen und feinfühligen Kindern wird die Intuition oft regelrecht ausgetrieben. Viele hellsichtige Menschen berichten, wie sie als Kind ihre Fähigkeiten verheimlichen mussten, um nicht ausgelacht und für verrückt erklärt zu werden. Weil in unserer Zeit der Verstand so überbetont wird, müssen wir uns an unseren sechsten Sinn erst allmählich wieder gewöhnen. Genauso, wie jeder von uns mehr oder weniger gut singen kann, bedarf es doch des Gesangsunterrichts, wenn wir unsere Stimme gezielt nutzen wollen. Wir können alle sprechen, aber wenn wir lernen wollen, Reden zu halten, sind Rhetorikkurse einfach nützlich. So ist es auch mit der Intuition. Sie ist eine Fähigkeit, die trainiert werden kann.

Wenn Sie anfangen, Ihre Intuition zu testen und Erfahrungen zu sammeln, benötigen Sie ein Heft oder

Buch, in dem Sie Ihre Notizen oder Wahrnehmungen festhalten. Empfehlenswert ist auch eine Mappe, in die Sie Zettel legen können, die unbedingt mit Datum versehen werden sollten. Gestalten Sie dieses Heft oder Ihre Mappe mit einem eigenen Bild oder einer schönen Collage. Sie werden es dann lieber mögen und mehr Freude an der Spurensuche haben. Wenn Ihr Intuitionstagebuch vorhanden und gestaltet ist, sagen Sie laut zu sich selbst:

»Ab heute werde ich meine Intuition nutzen.« Laut ausgesprochene, passende Sätze können sehr viel Kraft haben.

Suchen Sie sich dann ein Symbol für Ihre intuitiven Fähigkeiten – zum Beispiel eine schöne Glasmurmel – und legen Sie dieses an einen Ort, den Sie mehrmals täglich aufsuchen, auf das kleine Regal unter dem Badspiegel vielleicht oder auf den Küchentisch oder Sie tragen das Symbol mit sich herum, in der Hosentasche, an einer Kette oder als Armreif.

Nützlich ist auch ein Kassettenrekorder, der aufnehmen kann, oder ein Diktiergerät. Es ist nämlich sehr sinnvoll, bei einigen Übungen laut zu sprechen. Dann hat Ihr Verstand weniger Chancen, in den intuitiven Prozess einzugreifen.

Später sollten Sie das Gesprochene in Ihr Heft übertragen oder auf Zetteln festhalten.

Was soll in Ihr Intuitionstagebuch geschrieben werden?

- ⋆ Erfahrungen, die Sie mit und nach den Übungen gemacht haben.
- ⋆ Fügungen und kleine oder größere Wunder, die Sie erleben.

* Synchronizitäten: zum Beispiel wenn Sie im Zug jemand treffen, der Ihnen etwas über Rosen erzählt, Sie an der Litfaßsäule ein Plakat über Rosen beachten und in einem Buch über ätherische Öle zufällig die Seite mit Rosen aufschlagen und feststellen, dass Wildrosenmassageöl Ihnen genau bei dem Problem helfen könnte, das Sie zur Zeit haben. (Ich bin seit Jahren in einer Gruppe, in der wir homöopathische Heilmittel aus natürlichen Substanzen herstellen und erforschen. Kürzlich haben wir Ambra, ein Sekret aus dem Darm des Wals, zu einem Mittel verrieben. Genau in der Zeit sahen mehrere aus unserer Gruppe »zufällig« verschiedene Filme über Wale im Fernsehen und eine schwangere Teilnehmerin beschloss, ihr Baby im Wasser zu gebären. Tatsächlich bekam sie ihr Baby in einem Geburtsbecken und war begeistert von der Wohltat und Leichtigkeit der Geburt. Auch war uns allen gemeinsam die Annahme, dass der Wal uns zur Intuition führt und uns hilft, das Denken abzustellen und innerlich Frieden zu finden. Während ich dieses Buch schrieb, durchzogen sehr oft Wale meine Träume.)
* Träume und Tagträume, Bedeutsames oder scheinbar Unbedeutsames, das sich erst später als wichtig herausstellt, sollten Sie auch in Ihrem Tagebuch notieren. Auf diese Weise wird es zur Fundgrube und Schatzkiste.

Sehr sinnvoll ist auch, sich in einer kleinen oder größeren Gruppe zusammenzutun. Vielleicht laden Sie ein paar Freundinnen ein oder Sie geben eine Anzeige auf, um so eine Gruppe zu gründen. Die Erfahrungen der anderen mit Ihren eigenen zu vergleichen ist sehr nützlich, anregend und auch oft erstaunlich. Wir führen regelmäßig solche Gruppenseminare durch und nicht selten sind wir stumm und ehrfürchtig vor Staunen. Weil wir es nicht gewohnt sind, unsere Intuition im Alltag offiziell zu nutzen, hat sie immer wieder etwas Großartiges, Ehrfurcht Erregendes, während sie in anderen Kulturen so selbstverständlich ist wie bei uns das Zähneputzen. Also gar nicht so geheimnisvoll, aber mindestens genauso nützlich.

Wenn Sie Ihre Intuition entdecken und für sich nutzen wollen, müssen Sie still werden. Das tägliche Geplapper der Gedanken in uns, die schon beschriebenen inneren Stimmen verschiedener Herkunft, verhindern, dass wir unsere Intuition wahrnehmen können. Lauschen kann man nicht lernen, wenn man das Radio dauernd eingeschaltet lässt. Um innerlich still zu werden, braucht es etwas Übung, mehr nicht. Sie haben bereits alles, was Sie benötigen: Ihren Atem und den Wunsch, sich darauf einzulassen.

Grundübungen

> Der Mensch ist, was er denkt. Was er denkt, strahlt er aus. Was er ausstrahlt, zieht er an.
>
> UNBEKANNT

Wenn Sie noch nicht gewohnt sind, sich bewusst zu entspannen, sollten Sie bequeme Kleidung aus Naturfasern tragen und sich auf eine Decke aus Wolle setzen oder legen. Sie können auch einen Stuhl oder Sessel benutzen, in dem Sie bequem sitzen. Beide Füße – barfuß oder mit Wollsocken bekleidet – sollten Kontakt zum Boden haben. Natürlich können Sie auch auf einem Meditationskissen sitzen.

Suchen Sie sich einen ruhigen Ort. Später werden Sie diese Übung auch an unruhigen Orten, mit beliebiger Bekleidung und im Stehen durchführen können. Wählen Sie eine bequeme Haltung und lassen Sie Ihren Rücken gerade sein, ohne sich anzustrengen.

Nehmen Sie jetzt Ihren Atem wahr, wie er kommt und geht, ganz von allein ...

Stellen Sie sich vor, dass Sie mit jedem Ausatmen alle Gedanken einfach ausatmen können ... Wenn Sie störende Geräusche oder Gedanken wahrnehmen, lassen Sie sie einfach vorbeiziehen, wie eine Karawane am Horizont ... Bewerten Sie nichts ... und atmen Sie einfach weiter und nehmen Sie die kleine Pause wahr, die nach dem Ein- und Ausatmen jeweils entsteht ... Früher oder später werden Sie die Pausen zwischen den Gedanken beobachten und genießen ... und allmählich das Gefühl bekommen, leer zu werden oder offen ... jetzt ... Konzentrieren Sie sich nun auf den Punkt zwischen Ihren Augenbrauen auf der Stirn. Dort sitzt das dritte Auge. Sie können es auch als leichte Vertiefung spüren ... Die Stirn ist entspannt und glatt ... Richten Sie Ihre Aufmerksamkeit ohne jede Erwartung auf das dritte Auge und fühlen Sie alles, was es da zu fühlen gibt ... Vielleicht können Sie auch ein Licht sehen ... Was immer es sei ... lassen Sie es einfach zu ... Bewerten Sie nichts ... bleiben Sie absichtslos und offen ...

Verharren Sie so eine Weile, vertiefen Sie dann den Atem, bewegen Sie Hände und Füße, recken und strecken Sie sich und kommen Sie wieder im Hier an, erfrischt und wach.

Wenn Sie diese Übung drei Wochen lang zweimal täglich zwanzig Minuten durchführen, werden Sie in der Lage sein, allein durch tiefes Ausatmen einen Zustand der inneren Leere oder Offenheit in sich zu erzeugen. Nachfolgend finden Sie Varianten und Erweiterungen dieser Grundübung sowie weitere Möglichkeiten, Ihre Hinwendung zur Intuition zu unterstützen.

Ich bin

Intuition entsteht immer aus dem Jetzt, aus dem Augenblick, der jetzt gerade ist.

Daher ist Intuition auch eng mit dem Sein verbunden. Wenn Sie sich an das Sein anschließen wollen, meditieren Sie einatmend *ich* und ausatmend *bin*. Nehmen Sie eine entspannte Haltung ein und tun Sie eine Weile nichts weiter, als diese beiden Wörter ein- und auszuatmen, bis Sie sich leer und offen und absichtslos fühlen. So entsteht Raum für Intuition, Eingebung und Führung.

Ort des Friedens

Entspannen Sie sich, indem Sie auf Ihren Atem achten und still werden ... Begeben Sie sich dann in Ihrer Vorstellung an einen Ort des Friedens ... Stellen Sie sich vor, dort Ihrer inneren Weisheit zu begegnen und lassen Sie sich überraschen, in welcher Form Ihnen diese erscheint ... vielleicht als Bild oder als Farbe ... oder einfach als wohltuendes Nichts ... Fragen Sie dann: Gibt es etwas, woran ich mich erinnern sollte oder was jetzt wichtig ist? ... Bleiben Sie offen für Antworten und kehren Sie dann zurück in den Raum, indem Sie Hände und Füße bewegen und wieder ganz da sind, erfrischt und wach.

Wenn Ihnen die oben beschriebenen Übungen noch nicht die gewünschte Entspannung gebracht haben, können Sie es auch mit der folgenden Methode, zu der ich intuitiv geführt wurde, versuchen. Sie stammt von Richard L. Johnson, dessen Buch *Ich schreibe mir die Seele frei – Wege zur Harmonisierung des ganzen Gehirns* schon sehr lange unbeachtet in meinem Bücherregal stand. Als ich beim Schreiben nicht recht weiterwusste, fiel mein Blick »zufällig« auf dieses Buch, das ich bis dahin noch nicht gelesen hatte. Beim Durchblättern stellte ich fest, dass es einige wertvolle Anregungen enthält, die ich sofort aufgriff.

Johnson, der als Germanist an der Universität von Indiana lehrt, empfiehlt die folgende Übung:

Entspannung des ganzen Gehirns

Atmen Sie ein paarmal tief durch und wiederholen Sie dabei eine Affirmation wie *Frieden* oder *Ich entspanne mich tiefer und tiefer ...*

Fühlen Sie einen Smaragd im Zentrum Ihrer Brust und lassen Sie es zu, dass seine grünen Wellen Ihr Herzzentrum erweitern und durch Ihren ganzen Körper strömen ...

Stellen Sie sich gleichzeitig einen Smaragd im Mittelpunkt Ihres Gehirns vor und spüren Sie, wie seine smaragdgrünen Wellen sich in Ihrem Gehirn ausbreiten ... Bitten Sie Ihr ganzes Gehirn, sich mit den grünen Wellen im mittleren Alphabereich zu verbinden, und lassen Sie es zu, dass die Empfindung der Wellen sich ausbreitet und Sie vollständig erfüllt: Gehirn, Körper und Aura ... Wiederholen Sie diese Schritte zuerst mit den blauen Wellen eines Saphirs, dann mit den violetten Wellen eines Amethysts und schließlich mit den weißen Wellen eines Diamanten ...

Sobald Sie den Diamanten fühlen, empfinden Sie dessen Mittelpunkt als Ihr eigenes Herzzentrum. Bitten Sie ihn, sich auszudehnen und Ihr Gehirn, Ihren Körper und Ihr gesamtes Energiefeld auszufüllen. Empfinden Sie diesen Diamanten, seine weißen Wellen, die sich durch Ihr Gehirn, Ihren Körper und über dessen Grenzen hinaus bewegen, als Ihr eigenes synchronisiertes Selbst. Sprechen Sie die Affirmation: *Ich bin mein synchronisiertes Selbst.* Bitten Sie zuerst um ein sinnliches Bild aus Ihrem synchronisierten Selbst und dann um eine Affirmation aus demselben tiefen Raum in Ihrem Inneren ...

Fühlen Sie, wie sich Ihr synchronisiertes Selbst ausdehnt, und stellen Sie sich eine frühere Situation vor, in der Sie tiefen Frieden erfahren haben. Benutzen Sie Ihren gesamten Sinnesapparat, um sich die Szene zu vergegenwärtigen – Ihr inneres Gesicht, Gehör, Gefühl, Ihr Schmeck- und Riechvermögen und was immer Ihnen sonst an Sinnen zu Gebote steht. Spüren Sie die Synchronizität dieser Szene. Bitten Sie darum, dass alle Ihre gegenwärtigen begrenzenden Gedanken, Gefühle oder Überzeugungen in diese Szene geholt werden, und lassen Sie es zu, dass sie vom Gefühl der Synchronizität transformiert werden ...

Gestatten Sie dem Gefühl im Zentrum Ihrer Brust, sich in die Schulter, den Arm, die Hand und die Finger auszudehnen, mit denen Sie schreiben oder malen. Kosten Sie das Gefühl von Synchronizität aus. ... Sobald Sie die Bereitschaft verspüren, dieses Gefühl in kreative Aktivität umzusetzen, schreiben oder malen Sie, lassen Sie sich überraschen, was kommt ...

Stille Tage

Von Sabrina Fox habe ich die Idee der stillen Tage. Von Zeit zu Zeit beschließt sie, einen Tag schweigend zu verbringen. Falls es etwas sehr Wichtiges gibt, was sie mit ihrer Familie besprechen muss, schreibt sie es auf.

Stille Tage sind eine gute Übung. Sie bereiten den Boden. Wenn das Geplapper verstummt, können wir beginnen, der Weisheit zu lauschen.

Vertrauen

Eine Grundübung zur Intuition heißt Vertrauen. Zweifel sind das Ergebnis unseres Verstandes. Sie verhindern zunächst, dass wir unserer Intuition vertrauen, das heißt, uns einer höheren Weisheit anvertrauen. Letztendlich helfen sie uns jedoch. Denn jeder Zweifel fordert uns auf, noch genauer wahrzunehmen und einfach achtsam zu sein.

Wenn wir unsere Intuition schulen wollen, ist es nützlich, so zu tun, als ob wir vertrauen würden. Lassen Sie es einfach zu und tun Sie, was Ihre Intuition Ihnen sagt. Probieren Sie das im Alltag bei so banalen Dingen wie Parkplatzsuche, Einkauf oder Kochen aus und vergleichen Sie die Ergebnisse mit denen, die Ihr Verstand anbietet.

- Was für ein Gefühl haben Sie, wenn Sie ein bestimmtes Restaurant betreten? Und was sagt Ihr Verstand dazu?
- Welches Kleid zieht Sie heute besonders an? Tragen Sie es einfach und gucken, was passiert!
- Wer wird Sie anrufen, wenn das Telefon klingelt? Können Sie es vorhersagen?
- Fühlt sich die Post heute so an, als wäre etwas Wichtiges darunter?
- Was steht wohl in dem Brief, den Sie in der Hand halten?

Vielleicht haben Sie auch schon einmal gehört, dass in bestimmten Völkern jemand dann zum Schamanen, also geistigem Heiler, berufen wird, wenn er dreimal davon träumt. Eine Freundin von mir wartet ab, ob ihr Dinge dreimal begegnen. Wenn sie zum Beispiel drei Personen auf einen Film ansprechen, sieht sie ihn sich an, und wenn sie dreimal auf ein bestimmtes Buch stößt, kauft sie es sich. Wichtig ist, kleine Hinweise ernst zu nehmen.

Indem Sie solche kleinen Grundübungen täglich praktizieren, wird Ihr Vertrauen wachsen.

Die Wüste der Wahrheit

Safi Nidiaye empfiehlt ihren Lesern, sich in die »Wüste der Wahrheit« zu begeben. Hierfür gibt man sich selbst einige Tage Zeit, die genau festgelegt wird. Zu Beginn des Weges stellt man sich dann eine Landschaft mit einer Straße vor. Diese führt auf ein Tor zu. Dahinter beginnt die Wüste der Wahrheit. Am Tor steht ein Wächter, dem man seine Absicht erklären muss. Zum Beispiel: »Ich werde drei Tage lang ausschließlich und radikal meinen Eingebungen folgen. Ich bin bereit, auf sämtliche Überlegungen, Überzeugungen und vorgefasste Vorstellungen zu verzichten. Ich werde mich an nichts anderem orientieren als der Wahrheit des Augenblicks.«

Lauschen Sie dann auf das, was der Wächter Ihnen sagt und bitten Sie ihn, Sie mit dem Geist Ihrer inneren Führung in Kontakt zu bringen. Stellen Sie sich dann vor, sich vollständig auszuziehen, sämtlichen Schmuck etc. abzulegen und hüllen Sie sich in ihrer Vorstellung in ein einfaches weißes Gewand. Treten Sie nun durch das Tor und beginnen Sie, Ihrer Intuition total zu vertrauen. Tun Sie, was Sie wollen – faulenzen, arbeiten oder Sport treiben, eben einfach leben –, aber folgen Sie dabei immer Ihrer inneren Stimme.

Schreiben Sie jeden Tag in Ihr Intuitionstagebuch, welche Erlebnisse Sie hatten, kritisieren Sie sich nicht, sondern beobachten Sie nur, was passiert. Wenn die von Ihnen festgesetzte Zeit um ist, kommen Sie im Geiste wieder zu dem Tor. Schauen Sie noch einmal zurück in die Wüste der Wahrheit. Was wollen Sie sich für die Zukunft merken? Visualisieren Sie dann den Wächter an diesem Tor und berichten Sie ihm von Ihrem Weg. Bitten Sie ihn, Sie mit dem Geist der Führung in Kontakt zu bringen, und fragen Sie ihn, ob es etwas gibt, was Sie tun sollten, um auch im Alltag seine Signale deutlicher wahrzunehmen. Bedanken Sie sich und verabschieden Sie sich nun von der Wüste der Wahrheit und tauschen Sie das weiße Gewand gegen Ihre normale Kleidung ein.

Tönen und Singen

Eine sehr einfache und schöne Übung zur Intuitionsschulung ist das Singen. Sie können es auch während der üblichen Hausarbeit erledigen. Fangen Sie einfach an, aus vollem Herzen zu singen. Es kann irgendein Lied sein oder einfach nur la, la, la nach einer Melodie, die Ihnen spontan einfällt, oder nur ein einziger Ton auf einen Vokal: uhhhhhhhh, ahhhhhhh etc. Wenn Sie ganz bei Ihrem eigenen Gesang sind, völlig in ihm aufgehen, sind Sie Ihrer Intuition sehr nah.

Versuchen Sie jetzt, die folgenden Fragen ganz schnell und ohne Nachdenken zu beantworten. Legen Sie sich dazu Zettel und Stift bereit:

- Was brauchen Sie jetzt, in diesem Augenblick?
- Was ist im Augenblick Ihre größte Angst?
- Was ist im Augenblick Ihr innigster Wunsch?
- Welches Ziel haben Sie momentan?
- Was ist im Moment Ihre größte Begabung?
- Was ist zur Zeit das größte Hindernis?

- ⋆ Inwieweit sind Sie sich zur Zeit selbst der schlimmste Feind?
- ⋆ In welchem Lebensbereich sind Sie zur Zeit am zufriedensten?
- ⋆ Auf welchem Gebiet hätten Sie gern eine Veränderung?
- ⋆ Was ist Ihre Lebensaufgabe?

Schreiben Sie dann alle Fragen und Antworten in Ihr Intuitionstagebuch und beantworten Sie jede Frage noch einmal nach längerem Nachdenken. Also:

Wenn ich darüber nachdenke, brauche ich im Augenblick ...

Sie haben jetzt wichtige Fragen in Ihrem Leben beantwortet. Wenn Sie diese Übung ab und zu wiederholen, werden Sie immer mehr Klarheit erhalten.

Entscheidungen treffen

> Ich betrachte meine Intuition als eines der wichtigsten Elemente in dem geistigen Prozess, der mich zu Einsichten und Entscheidungen führt.
>
> HENRY FORD

Wir alle wünschen uns wohl bei Entscheidungen hundertprozentige Sicherheit. Wir würden es vielleicht genießen, alle Informationen zu haben und alle Umstände zu kennen, um dann eine ganz klare Entscheidung zu fällen. Deshalb suchen Menschen, denen Entscheidungen schwer fallen, auch ständig nach neuen Indizien und Anhaltspunkten. Im Leben sieht es jedoch anders aus: Wir haben nie alle Informationen. Aber sagt nicht der Volksmund zu Recht: Wer wagt, gewinnt? Meistens geht dem Erfolg ein Risiko voraus.

Während unser Verstand oft lange braucht, die Für und Wider einer Entscheidung abzuwägen, trifft unsere Intuition Entscheidungen blitzartig – und dabei spielt es keine Rolle, ob sie aus einer inneren, aber unbewussten Datenbank stammen oder einer Eingebung aus dem Kosmos folgen.

Die wache Offenheit, die ich in diesem Buch immer wieder beschreibe, hilft uns, Entscheidungen mit mehr Vertrauen fällen zu können und aus so genannten Fehlentscheidungen doch noch etwas Gutes zu machen.

In die Zukunft schauen

Setzen oder legen Sie sich an einen Platz, an dem Sie ungestört sind. Achten Sie auf Ihren Atem, wie er kommt und geht, ganz von allein ... Gehen Sie dann in Ihrer Vorstellung in eine Szene aus der Zukunft, die

eine mögliche Entscheidung präsentiert. Wenn Sie sich zum Beispiel fragen, ob Sie sich von Ihrem Partner trennen sollen oder nicht, stellen Sie sich Ihr zukünftiges Alleinleben so detailliert wie möglich vor. Fangen Sie mit dem morgendlichen Erwachen an und gehen Sie einen ganzen vorgestellten Tag durch. Was sehen Sie? Was hören Sie? Was fühlen Sie? Was für ein Gefühl haben Sie, wenn Sie aus dieser Vorstellung heraus wieder in den Wachzustand zurückkehren?

Wiederholen Sie diese Übung ab und zu und überprüfen Sie, ob sich etwas verändert.

Eine andere sinnvolle Übung zur Entscheidungsfindung stammt von Walt Disney. Sie finden sie auf S. 130.

Ja oder nein?

Im Leben müssen wir immer wieder Entscheidungen fällen, die ein Ja oder ein Nein verlangen. Wenn Sie bei der Beantwortung Ihrer Fragen auch auf die Intuition bauen wollen, müssen Sie zunächst Erfahrungen damit sammeln, wie sich Ja oder Nein in Ihrem Körper anfühlt. Dic folgende Übung hilft Ihnen dabei.

Stellen Sie sich etwas vor, was Sie lieben – ein Küken, Ihre Tochter, Ihren Liebsten, eine schöne Landschaft – was auch immer ... Sagen Sie innerlich Ja zu diesem Bild und spüren Sie in Ihrem Körper, wie sich das Ja anfühlt. Spüren Sie dieses Gefühl für Ja und speichern Sie es in Ihrem Körper ab, indem Sie zu sich selbst sagen: So fühlt sich also Ja an.

Dann stellen Sie sich etwas vor, das Sie nicht mögen. Eine zerstörte Landschaft, ein hässliches Hochhaus, ein Autowrack oder was auch immer. Sagen Sie innerlich: Nein! Gehen Sie ganz in dieses Gefühl hinein, fühlen

Sie das Nein im Körper und speichern Sie es ab. Sagen Sie dann zu sich selbst: So fühlt sich Nein an.

Führen Sie diese Übung täglich während einundzwanzig Tagen hintereinander durch.

Sie können sich selbst nun jede beliebige Frage stellen, die mit Ja oder Nein zu beantworten ist. Ihr Körper gibt Ihnen die Antwort. Schreiben Sie Ihre Antwort auf. Wenn es sich um lebenswichtige Entscheidungen handelt und Sie Zweifel an Ihrer intuitiven Eingebung haben, schreiben Sie auch Ihre vernünftigen Argumente auf. Machen Sie die Walt-Disney-Übung auf S. 130 und beraten Sie sich mit Freunden oder Experten so lange, bis Sie sich mit Ihrer Entscheidung richtig wohl fühlen.

Wenn Sie sich nicht entscheiden können, ist der Zeitpunkt zur Entscheidung noch nicht reif.

Die innere Wahrheit

Aus der Kinesiologie kommt ein einfacher Test, für den Sie ein Gegenüber brauchen. Formen Sie aus Daumen und Zeigefinger einen Kreis. Bitten Sie die Person, Ihnen eine Frage zu stellen, auf die die Antwort eindeutig Ja lautet. Also zum Beispiel: Bist du eine Frau? Ja. Während die Person die Frage stellt, versucht sie, Ihren mit Daumen und Zeigefinger geschlossenen Kreis mit dem eigenen von unten eingehakten Zeigefinger zu öffnen. Bei einem Ja wird das schwer gelingen.

Bitten Sie die Person dann, Ihnen eine Frage zu stellen, die Sie eindeutig mit Nein beantworten, also z.B. Heißt du Fritz? Jetzt wird sich der Kreis leichter öffnen lassen. Stellt die Person Ihnen nun eine Frage, die Sie tatsächlich gern beantwortet hätten, werden Sie mithilfe dieses Testes erfahren, was Ihre innere Wahrheit ist. Der Körper lügt nicht, der Verstand kann irren.

Intuitionsampel

Eine Intuitionsampel wird von Kurt Tepperwein empfohlen. Sie hat wie jede Ampel drei Farben: Grün – freie Fahrt, alles gut! Gelb: Achtung! Rot: Stopp! Gefahr!

Er empfiehlt, diese Ampel groß aufzumalen und irgendwo sichtbar aufzuhängen.

Kommen Sie dann zur Ruhe und versuchen Sie, die einzelnen Farben im Geiste zum Leuchten zu bringen. Wenn Ihnen das gelingt, stellen Sie sich Fragen, die Sie eindeutig beantworten können und lassen Sie als Antwort die entsprechenden Farben aufleuchten. Fragen Sie also zum Beispiel: Bin ich eine Frau? Und wenn Sie weiblich sind, visualisieren Sie die grüne Ampel.

Üben Sie auf diese Weise, bis Sie ein sicheres Gefühl für die Energie der Farben haben. Ist das geschehen, werden Sie die Ampel nicht nur bei kleinen, sondern auch bei größeren Entscheidungen einsetzen. Später kann es vorkommen, dass diese Ampel sogar in Ihnen aufleuchtet, wenn Sie gar nicht gefragt haben.

Je mehr Übung Sie haben, desto sicherer funktioniert Ihre Ampel.

Fingerzeichen

In der Hypnotherapie arbeitet man mit Antworten aus dem Unbewussten. Dabei wird häufig eine Fingerzeichen-Methode verwandt.

Hierzu begibt man sich selbst – wenn man Übung darin hat – in einen entspannten Zustand oder lässt sich von jemand anderem oder mithilfe einer Kassette in diesen Zustand versetzen. Bitten Sie nun Ihren unbewussten Geist um ein Fingerzeichen für Ja. Wenn Sie wirklich tief entspannt sind, werden Sie fühlen, was zu tun ist (z.B. den rechten Zeigefinger etwas anzuheben). Wenn Sie allein sind, müssen Sie vielleicht die Augen öffnen, um das Zeichen zu beobachten, denn es geschieht ganz von selbst, ohne Ihren Willen.

Bitten Sie dann Ihren unbewussten Geist um ein Fingerzeichen für Nein. Das kann z.B. der Zeigefinger der linken Hand sein. Wenn Sie diese Übung häufiger durchführen, können Sie sich selbst bei der Beantwortung aller möglicher Fragen damit helfen.

Selbsterfüllende Prophezeiungen

> Ich habe schlimme Sachen durchgemacht, von denen einige auch tatsächlich eingetreten sind.
>
> MARK TWAIN

Wahrscheinlich haben Sie auch schon einmal von selbsterfüllenden Prophezeiungen (self fulfilling prophecies) gehört.

Es gibt Menschen, denen scheinbar alles gelingt. Sie gehen mit Optimismus an alle Aufgaben heran und wenn mal etwas daneben geht, suchen sie die Schuld nicht zuerst bei sich selbst, sondern prüfen genau, welche Umstände das Vorhaben begünstigten und welche nicht. Sie begreifen Misserfolg als Information. Genau so macht es auch die Natur – dort gibt es keine Misserfolge.

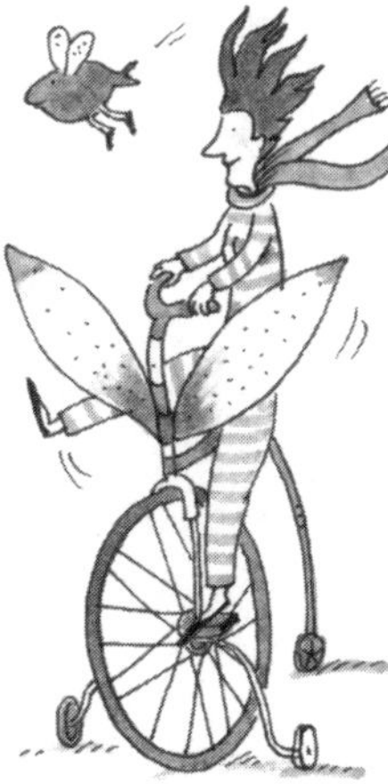

Die Zuversicht in die eigene Lebensführung strahlt in die Umgebung ab und dort übernehmen Eltern, Freunde und Vorgesetzte dann wie selbstverständlich die Erfolg erwartende Devise: »Die schafft das schon!«

Die Intuition der »Glückspilze« beruht offenbar darauf, dass sie die Chancen einer Situation spontan erkennen und bereit sind, das Risiko einzugehen. Wenn's schief geht – na und? Umwege erweitern die Ortskenntnis.

Nun gibt es aber auch Pechvögel. Sie programmieren das Versagen regelrecht vor, indem sie immer an ihren »schlechten Karten« festhalten und von vornherein »wissen«, dass nichts klappt. Solche Menschen begreifen Versagen als Bestätigung ihres negativen Selbstbildes und handeln schon nach dem Motto »Ich hab's ja gewusst, bei mir geht alles schief«. Auch in diesem Fall gehen Selbstsicht und Fremdeinschatzung wieder einen fatalen Pakt ein. Die Umwelt reagiert dann meistens mit »Die Ärmste!« oder »Das geschieht ihm recht«.

Unheilspropheten haben es daher oft schwer, Freunde zu finden, denn vielleicht könnte deren Pech ja abfärben?

Es gibt auch Menschen, die tief davon überzeugt sind, dass Ihnen Glück nicht zusteht. Immer, wenn sich ihnen eine günstige Gelegenheit bietet, machen sie in letzter Minute einen Rückzieher oder werden krank. Das kann manchmal daran liegen, dass sie einem Elternteil gegenüber loyal sein wollen nach dem Motto:

»Wenn es Papa so schlecht geht, darf es mir nicht gut gehen.« Oder dass sie sich unbewusst schuldig fühlen, am Leben zu sein, z.B. wenn die eigene Mutter bei der Geburt dieses Menschen starb oder wenn ein Zwilling oder Geschwisterkind als Ungeborenes nicht überleben konnte oder auf andere Weise ums Leben kam.

Familienaufstellungen sind eine wirkungsvolle Methode, Licht in diese Dunkelheit zu bringen. Fragen Sie sich also auch: Erlaube ich mir innerlich, diesen Schritt zu tun? Und führen Sie dann eine faire Verhandlung mit dem Teil in Ihnen, der Ihnen Ihr Glück verbieten will.

Übrigens ist diese Schwarzseherei auch nicht mit der von mir gern benutzten Methode des »Was ist das Schlimmste, das passieren könnte?« zu verwechseln.

Letztere benutze ich häufig, wenn ich Angst habe. Wenn ich mir dann den schlimmstmöglichen Fall – zum Beispiel den plötzlichen Unfalltod meines Mannes – bis ins Detail der Beerdigung ausmale und mir überlege, was ich ganz konkret zu tun habe, verschwindet meine Angst.

Wenn Sie ein optimistischer Mensch sind, gehört Intuition wahrscheinlich schon zu Ihrem Alltag.

Als Pessimist können Sie ab heute genau prüfen, wann etwas gelingt und wann nicht. Wenn Sie offen für die kleinen Wunder im Alltag bleiben, ab und zu über sich selbst lächeln und sich dabei gut zureden und auch öfter mal so tun, als würden Sie vertrauen können, wird sich Ihr Leben positiv verändern – auch wenn Sie das jetzt nicht glauben!

Ideenreichtum
Intuition und Kreativität

Um originell zu sein, musst du eher der Stimme deines Herzens lauschen als dem Geschrei der Welt.

LUDWIG BÖRNE

Goethe bezeichnete Intuition als »eine aus dem inneren Menschen sich entwickelnde Offenbarung«. Sie ist untrennbar mit schöpferischen Ideen und Kreativität verbunden. Nicht umsonst sprechen wir von Inspiration und Eingebung oder dem zündenden Funken. Entsprechend waren auch sehr viele berühmte Künstler oder geniale Menschen stark intuitiv veranlagt. Albert Einstein hat mehrmals öffentlich gesagt, dass er die Lösung seiner theoretischen Probleme oft im Traum erhielt. Gandhi folgte seinen Visionen und Mozart hörte seine Musik innerlich, bevor er sie niederschrieb. Auch die inzwischen sehr bekannten Bachblüten wurden von Dr. Edward Bach aus einer Eingebung entwickelt. Meine Freundin Edith Dörre entwickelte die homöopathischen Mittel, die sie aus Edelsteinen herstellt, ebenfalls nach einem deutlichen und klaren Traum.

Mit unserer Intuition können wir nicht nur viele Fragen beantworten, sondern aus eingetretenen Pfaden zu wirklich neuen Ideen gelangen. Früher sprach man häufig vom »Kuss der Muse« und meinte damit nichts anderes als Intuition. Um geküsst zu werden, müssen wir uns bereithalten und den Mund schließen. Die Idee kommt dann »aus heiterem Himmel«.

Als ich einmal eine Fortbildung in Klinischer Hypnose besuchte, bat uns der Leiter eines Workshops, uns innerlich eine wichtige Frage zu stellen. Als Mutter von vier Kindern ohne feste Anstellung fragte ich wie so oft: Wie kann ich mehr Geld verdienen? Der Leiter führte uns dann durch eine Meditation, die ich inzwischen sehr häufig selbst und für meine Klienten verwende. Daher kann ich sie mit gutem Gewissen weiterempfehlen.

Fantasiereise zur Ideenfindung

Setzen oder legen Sie sich entspannt hin. Fangen Sie an, auf Ihren Atem zu achten, wie er kommt und geht, ganz von allein ... Stellen Sie sich vor, dass Sie mit jedem Ausatmen Gedanken und Sorgen loslassen ... Und nun befinden Sie sich auf einer schönen Wiese ... Schauen Sie sich um und nehmen Sie alles wahr ... die besonderen Geräusche ... fühlen Sie die Sonne und vielleicht den Wind ... jetzt oder später nehmen Sie einen feinen Duft auf und vielleicht ist da sogar ein besonderer Geschmack ... Dann entdecken Sie den kleinen Pfad ... Sie bekommen Lust, ihm zu folgen bis in einen Wald ... Schauen Sie sich wieder um, es ist so ein Wald, wie Sie ihn lieben ... Hören Sie die besonderen Geräusche ... Riechen Sie, was es zu riechen gibt, und fühlen Sie alles, was Sie fühlen ... Bis Sie zu dem klaren See kommen, der Sie einlädt, zu verweilen ... Sie verspüren Lust, zu schwimmen ... es ist angenehm, so leicht und wohltuend, dass Sie sogar tauchen ... Sie tauchen durch die Quelle und befinden sich auf der Zauberwiese, an dem Ort, wo alles möglich ist ... Und während Sie sich dort umschauen, wissen Sie, dass aus der Ferne eine weise und gütige Person auf Sie zukommen wird ... Und es spielt keine Rolle, wie deutlich Sie diese Person erkennen ... Sie kommt näher und näher ... und Sie können ihr eine Frage stellen ... und sich überraschen lassen, ob Sie die Antwort sofort oder erst später erhalten, als ein Bild, ein Geschenk, ein Satz oder ein Wort ... Alles, was kommt, ist gut ... (ca. 2 Minuten Pause) ...

Bedanken Sie sich nun, auch wenn Sie die Antwort erst später verstehen ... Verabschieden Sie sich in der Gewissheit, dass Sie, wann immer Sie wollen, an diesen Ort zurückkehren können, zu dieser weisen und gütigen Person ... Und tauchen Sie wieder durch die Quelle ... schwimmen Sie durch den See ans Ufer, gehen Sie durch den Wald und folgen Sie dem kleinen Pfad zurück auf die Wiese ... Und kommen Sie von dort zurück in den Raum ... Fangen Sie an, Hände und Füße zu bewegen, und seien Sie wieder hier, erfrischt und wach.

Als ich meine Frage stellte, erhielt ich das Bild eines Baumes. Es war ein wunderschöner, einzeln stehender Baum ohne Blätter. An seinen Ästen hingen lauter weiße Papierrollen und auf jedem dieser Papiere stand eine Idee. »Du musst nichts weiter tun, als die Ideen abpflücken und umsetzen«, wusste ich jetzt. Ich bin zwar immer noch nicht reich geworden, aber an Ideen mangelt es mir nicht und ich weiß, dass sie mir nie ausgehen werden. Ich kenne ja den Ort, an dem sie wachsen.

Ob dieser Baum nun eine Schöpfung meines Unbewussten oder meine Intuition ist, weiß ich nicht. Jedenfalls ist er mir nützlich.

Ich bin gespannt, welche Antwort Sie erhalten werden und wo die Quelle Ihres Ideenreichtums liegt.

Hier folgen weitere Übungen:

Mind map

Besorgen Sie sich eine breite Auswahl an Farbstiften. Legen Sie die Farben vor sich hin. Welche dieser Farben mögen Sie heute besonders?

Wählen Sie die Farbe aus und schraffieren Sie damit ein Blatt Papier. Konzentrieren Sie sich ganz auf Ihr Tun. Absichtslos.

Vielleicht gibt Ihnen die Farbe eine Botschaft, vielleicht auch nicht.

Wenn Sie das Gefühl haben, beenden zu wollen, schreiben Sie alle Gedanken, Gefühle und innere Bilder auf ein weißes großes Blatt, indem Sie ein Mind map anfertigen. Schreiben Sie dazu das Farb-Wort in die Mitte und alle Ihre Assoziationen rundherum.

Morgenseiten

Zu der folgenden Übung hat mich Julia Cameron inspiriert, die Künstler in aller Welt anleitet:

Schreiben Sie jeden Morgen nach dem Aufwachen drei weiße Blätter im Format DIN A 4 voll. Tun Sie das absichtslos und ohne nachzudenken. Schalten Sie Ihren Verstand völlig aus, deshalb ist es nur gut, wenn Sie noch im Halbschlaf sind. Schreiben Sie alles, wirklich alles auf, was Ihnen in den Kopf kommt, noch bevor Sie Ihre erste Tasse Kaffee getrunken haben. Schließen Sie die Blätter dann weg, nachdem Sie sie mit Datum versehen haben, und schauen Sie sie erst nach frühestens einundzwanzig Tagen wieder an, gern noch später. Bewerten Sie nichts, zeigen Sie die Blätter niemand. Suchen Sie sie nach Ideen ab, die Sie inspirieren könnten. In der Regel sind einige »dicke Fische« dabei.

Ein Beispiel:

Als Hanna nach drei Monaten ihre Aufzeichnungen liest, entdeckt sie den Satz: Ich müsste eine Ritual-Gruppe gründen. Sie hatte ihn damals nach Lektüre eines Buches aufgeschrieben und gleich wieder verworfen bzw. völlig vergessen. Jetzt scheint aber genau der richtige Zeitpunkt zu sein. Hanna entwirft einen Informationsbrief und gründet diese Gruppe, die ihr nicht nur mehr Lebensqualität, sondern auch eine zusätzliche Einnahme bringt.

Spielen

Spielen – egal was – regt die Intuition und Kreativität sehr an. Von Mozart weiß man, dass er jeden Nachmittag spielte – nicht auf dem Klavier, sondern mit Karten,

Bällen oder andere Spiele. Würde man sein Werk abschreiben, bräuchten Kopisten 99 Jahre. Mozart hat aber nur 33 Jahre gelebt. Alles, was wir spielerisch oder wie im Schlaf tun, gelingt leicht und mühelos.

Wenn Sie Kinder haben, müssen Sie nicht lange überlegen. Schließen Sie sich einfach ab und zu dem Spiel Ihrer Kinder an.

Mit oder ohne Kinder empfehle ich die Anschaffung eines Sandkastens. Das ist ein Tisch in bequemer Höhe, der anstelle der Platte eine wasserdichte Kiste hat, in die man Sand füllt. Gestalten Sie in diesem Sand Ihre Landschaft, Ihren Lebensweg oder worauf immer Sie gerade Lust haben. Sie können auch Ihre inneren Kämpfe oder Ihre Wut in diesem Kasten zum Ausdruck bringen.

Spielen und gestalten Sie im Sand und lassen Sie sich dabei von Ihrer Intuition führen.

Spaziergang

Gehen Sie – am besten täglich – in ein Stück möglichst unberührter Natur, einen Wald, den Strand, das Ufer eines Sees oder eine Berglandschaft. Es kann auch ein Park sein, doch erdige Wege wären schön, kein Beton und wenig von Menschen Gemachtes.

Es ist wichtig, dass Sie – für diesen Prozess – allein gehen und mit niemandem unterwegs reden.

Gehen Sie einfach absichtslos eine bestimmte Strecke, erwarten Sie nichts, aber seien Sie offen für alles und jedes, das Ihnen begegnet.

Ein Beispiel:

Hella ging es ziemlich schlecht. Ihr Mann hatte sich in eine jüngere Frau verliebt und Hella fühlte sich wertlos und traurig. Irgendwie schien das Leben keinen Sinn mehr zu haben. Und alle Gedanken drehten sich um das Problem des Verlassenseins.

Als sie sich aufraffte und an einem sonnigen Tag durch den Berliner Tiergarten spazierte, stand dort ein Mann, der Saxophon spielte. Völlig fasziniert von der traurig-schönen Musik, setzte sie sich auf eine Bank und hörte zu. »Saxophon spielen – das wär es!«, sagte sie sich.

Über eine Kleinanzeige fand Hella ein gebrauchtes Instrument und nahm Unterricht an der Musikschule. Heute ist sie Mitglied einer kleinen Frauenband und fühlt sich gut.

Sternenhimmel

Gehen Sie in eine sternklare Nacht hinaus, möglichst weitab von den Lichtern der Großstadt. Stellen oder legen Sie sich auf die Erde und schauen Sie in den Him-

mel. Verharren Sie so lange wie möglich in der gleichen Position und lassen Sie sich ganz auf die Sterne ein. Atmen Sie weiter und bleiben Sie offen für alles, was kommt.

Dunkelheit

Mir persönlich tut es sehr gut, im Dunkeln zu liegen, nichts zu erwarten und einfach nur da zu sein. Ich lernte die Qualität dieses Zustandes kennen, als ich über viele Jahre, als meine Kinder noch klein waren, im Dunklen bei Ihnen lag, damit sie gut einschliefen. Während ich mich anfangs über diese »Zeitverschwendung« ärgerte und hoffte, meine Kinder würden endlich allein in den Schlaf finden, genoss ich dieses Zusammensein mehr und mehr und zog daraus unglaublich viel Gewinn.

Inzwischen sind meine Kinder fast alle erwachsen und brauchen mich nicht mehr. Ich habe auch gelesen, dass Meditation in der Dunkelheit eine besondere Qualität hat. Deshalb setze oder lege ich mich oft hellwach in die Dunkelheit und lausche der Weisheit und der Fülle des Seins.

Mandala

Zeichnen Sie einen Punkt auf ein weißes oder einfarbiges Blatt Papier.

Zeichnen Sie nun um den Punkt herum Muster Ihrer Wahl, bis ein großes, farbiges Mandala entsteht. Beenden Sie das Mandala, wann Sie es für richtig halten.

Vertiefen Sie sich dann in Ihr Mandala.

Sie können sich auch vorstellen, dass Sie ganz klein werden und Ihr Mandala durchwandern. Was erleben Sie dabei?

Schreiben Sie anschließend Ihre Erlebnisse und Assoziationen auf. Die Zahlen, Formen und Farben Ihres Mandalas sind auch interessant. Schreiben Sie sie heraus. Wenn Sie z.B. ein blaues Dreieck gemalt haben: eins, blau, Dreieck.

Besorgen Sie sich ein Buch über Zahl-, Farb- und Formensymbolik und lassen Sie sich von den Symbolen inspirieren.

Tanzen

Rücken Sie Ihre Möbel beiseite und warten Sie einen Zeitpunkt ab, an dem Sie ungestört sind. Legen Sie eine Musik auf, die Sie mögen, und tanzen Sie! Überwinden Sie Ihre Hemmungen und tanzen Sie sich frei, indem Sie sich einfach zur Musik bewegen.

Versuchen Sie es auch einmal mit klassischer Musik, z.B. mit Mozart.

Inspiration

Wenn Sie ein bestimmtes Problem lösen wollen, das mit Kreativität zu tun hat, lassen Sie sich inspirieren. Sprechen Sie Ihr Problem oder Ihren Wunsch laut aus. Achten Sie dann auf Impulse aus Ihrem Inneren. Zum Beispiel: »Ich sollte mir diesen Film angucken ...«

Gehen Sie in eine Buchhandlung oder öffentliche Bibliothek und schauen Sie, ob irgendein Buch oder eine Zeitschrift zum Thema Sie besonders anspricht.

Gehen Sie in eine Ausstellung oder in eine Kirche oder schalten Sie für eine begrenzte Zeit Radio oder Fernseher ein.

Ein Beispiel:

Johanna stieß in der Bibliothek auf einen Bildband über Feng Shui, der sie vom Titelbild her faszinierte. Sie lieh ihn aus. Obwohl sie das Buch im Ganzen interessant fand, faszinierte sie nur eine Sache wirklich: die Zimmerbrunnen.

»Das ist es!«, dachte sie. In ihrer Gartenzeitung fand sie am selben Tag »zufällig« die Anzeige eines Wasserpumpenherstellers. Sie schrieb an die Firma und erhielt einen ausführlichen Prospekt. Sie stellt jetzt selbst Zimmerbrunnen her und arbeitet mit einer befreundeten Töpferin zusammen, die die Modelle in ihrem Laden ausstellt.

Assoziationen

Schreiben Sie in die Mitte eines sehr großen Blattes ein Stichwort. Es sollte der Begriff sein, zu dem Sie Inspiration benötigen. Schreiben Sie dann ohne nachzudenken um den Begriff herum alle Assoziationen, die Ihnen in den Sinn kommen (s. auch Mind map S. 52). Bewahren Sie das Blatt einige Zeit auf und lassen Sie sich immer wieder davon inspirieren.

Dem eigenen Weg folgen

Machen Sie es sich ganz bequem, lassen Sie Ihren Rücken gerade sein, ohne sich anzustrengen ... Fangen Sie früher oder später an, auf Ihren Atem zu achten, wie er kommt und geht, ganz von allein ... Atmen Sie alle Gedanken, die noch kommen, einfach aus ... Bewerten Sie nichts ...

Gehen Sie nun an Ihren inneren stillen Ort ... Spüren Sie Ihre Lebenskraft ... und stellen Sie sich vor, dass Sie Ihrem eigenen Weg folgen ... Sie vertrauen diesem Weg und folgen ihm ... Lassen Sie sich überraschen, was oder wer Ihnen auf diesem Weg begegnet ... Genießen Sie die Erfahrung, Ihre Kreativität frei und ungehindert zum Ausdruck zu bringen ... Spüren Sie den Segen, der auf Ihrer Arbeit liegt ... und kommen Sie dann zurück in den Raum, indem Sie Hände und Füße bewegen ... und wieder ganz hier sind, erfrischt und wach.

Schreiben Sie Ihre inneren Erlebnisse in Ihr Intuitionstagebuch.

Das Tor

Nehmen Sie ein großes Blatt Papier und versehen Sie es mit dem Datum des Tages. Malen Sie mit Wachsstiften oder Pastellkreiden eine Tür oder ein Tor. Malen Sie ohne nachzudenken und konzentrieren Sie sich ganz auf das Tun.

Wenn das Bild fertig ist, legen Sie es vor sich hin. Vertiefen Sie sich ganz in das Bild. Lassen Sie sich ganz auf das Bild ein.

Notieren Sie alle Gefühle, Gedanken und die zusätzlichen Bilder, die dabei in Ihrem Kopf entstehen. Sie geben Ihnen Hinweise. Wiederholen Sie die Bildbetrachtung mindestens drei Tage hintereinander und vergleichen Sie Ihre Assoziationen.

Die Schatztruhe

Nehmen Sie ein Blatt Papier beliebiger Größe, schreiben Sie das Datum darauf und zeichnen Sie mit Stiften oder Farben Ihrer Wahl eine Schatztruhe. Zeichnen Sie ohne nachzudenken und vertiefen Sie sich ganz in Ihr Tun.

Legen Sie das fertige Bild vor sich hin und betrachten Sie ausgiebig Ihre Schätze. Lassen Sie das Bild auf sich wirken.

Schreiben Sie alle aufkommenden Gefühle, Bilder und Gedanken in Ihr Intuitionstagebuch unter der Überschrift: Meine Schatztruhe.

Sonia Choquette weist – wie viele andere – darauf hin, dass die Seele vorzugsweise durch Kunst zu uns spricht. Künstlerischer Ausdruck, ohne jeden Anspruch auf Perfektion, ohne Wettbewerb und Beurteilung hilft uns, mit unserem Inneren in Kontakt zu bleiben. Menschen, die unter »Seelenschwund« leiden, haben den Kontakt zu ihrer Kreativität verloren. Es ist das traurige Schicksal vieler heutiger Kinder, dass sie durch elektronische Medien wie Fernsehen und fantasietötendes Spielzeug von ihren wertvollsten Fähigkeiten abgeschnitten werden und so in der Sackgasse der Einfallslosigkeit landen. Gewalttätigkeit gibt manchen dieser Menschen dann später das Gefühl, doch noch etwas in der Welt bewirken zu können.

Kunst ist die Sprache der Seele und des Geistes. Es gibt viele Wege, die eigene Stimme zu hören – wenn aber alles versagt, sollte man seine Hände gebrauchen und kreativ sein. »Die Hände sind mit dem Herzen verbunden, und das Herz ist der Sitz der Seele. Die Hände werden dich immer heimbringen«, zitiert sie ihren Lehrer Charlie Goodman.

Wenn Sie Ihre Intuition schulen wollen, schreiben Sie ein Gedicht, singen Sie ein Lied, malen Sie ein Bild, erfinden Sie ein Rezept oder ein Spiel, nähen Sie sich ein Kleid, pflanzen Sie Blumen ein oder modellieren Sie mit Ton.

Ein Herz und eine Seele
Intuition in der Liebe

Wenn Sie ein intuitives Leben führen, leben Sie mit einem offenen Herzen. Mit anderen Worten: Sie werden verpflichtet, sich selbst zu lieben, und sind damit einverstanden, die Liebe und den Reichtum anzunehmen, den das Universum Sie erleben lassen will.

SONIA CHOQUETTE

Den richtigen Partner finden

In ihrem Buch *Der kosmische Bestellservice* beschreibt Bärbel Mohr sehr witzig, wie sie Listen aufstellt, um herauszufinden, welche Art Mann sie sich wünscht. Er sollte Nichtraucher sein, Vegetarier, sich für spirituelle Themen interessieren etc. Ihre Liste wird schließlich fünfundzwanzig Punkte lang! Sie bestellt sich diesen Mann beim Universum und lernt ihn auch tatsächlich kennen. Nur: Die Gefühle bleiben aus. Da springt kein Funke über! Ganz ähnliche Erfahrungen habe ich selbst gemacht und auch bei vielen meiner Klienten beobachtet. Der Verstand ist in Liebessachen kein guter Ratgeber. Ich meine damit nun nicht, dass Sie sich einen Alkoholiker an Land ziehen sollen oder mit einem Verrückten ins Bett gehen, nur weil Ihr Verstand Nein dazu sagt!

Wenn Sie ehrlich sind, werden Sie jedoch feststellen, dass unsere Intuition uns durchaus zu Menschen führt, mit denen wir in einigen Dingen nicht übereinstimmen, bei denen unser Verstand sagt: »Das kann doch gar nicht gut gehen!«, unser Herz aber zu rasen anfängt und vor Freude hüpft, wo wir Schmetterlinge im Bauch spüren und am liebsten abheben würden.

Ich möchte nicht behaupten, dass Sie nicht glücklich werden können, wenn Sie einen Beamten heiraten, der Sie lebenslänglich gut versorgen kann, der nicht fremdgeht und ein guter Vater ist und den Ihre Eltern auch gern mögen.

Einige Menschen ziehen es jedoch vor, eine echte Herausforderung zu wählen, jemanden, der so gut aussieht, dass er schwer treu sein kann, oder der so viel Eigensinn besitzt, dass er sich nur schwer unterordnet, der ein extremes Hobby hat, viel jünger oder älter ist oder als Vater völlig ungeeignet. Ich frage mich auch, warum das so ist, aber ich beobachte es einfach zu häufig, um es als Zufall abzutun. Ich meine damit auch nicht Menschen, die alte Muster wiederholen nach dem Motto »Wenn es mir in meiner Kindheit schlecht ging, darf es mir jetzt auch nicht gut gehen«. Nein, meine Beobachtungen beziehen sich auf Menschen ohne Trauma und psychische Störung, die sich auf Beziehungsebene einfach Problemen stellen, die sie offenbar gern und leidenschaftlich lösen. Ich vermute, dass unsere Intuition hierbei einen wichtigen Part spielt, und ich glaube, dass sie nicht nach der Parole auswählt »Was im Gleichtakt schwingt, macht glücklich«, sondern danach, welcher Mensch mir Wachstumschancen und Entwicklungsmöglichkeiten bietet. Und das kann durchaus ein sehr gegensätzlicher, vielleicht merkwürdiger Typ sein.

Wissenschaftliche Untersuchungen haben ergeben, dass wir innerhalb von Sekundenschnelle unser Gegenüber abchecken und dass es Liebe auf den ersten Blick tatsächlich häufig gibt. Der erste Eindruck, den wir von einem Menschen haben, entscheidet, ob wir jemanden mögen oder nicht. Dieser »erste Blick« ist zweifellos unsere Intuition, die uns im anderen etwas spüren lässt, was wir suchen. Etwas, das wir bei ihm finden werden und wonach wir uns sehnen. Das heißt jedoch nicht, dass diese Partnerschaft, wenn sie überhaupt zustande kommt, von Dauer sein muss. Unsere Intuition weist uns vielmehr auf eine Chance hin, die ich mit diesem Menschen haben kann. Wie immer auf eigenes Risiko und in eigener Verantwortung!

Umgekehrt sollten wir auch auf kleinste Signale der Abneigung oder der Verwirrung achten.

Eva war von einem attraktiven Mann in ein China-Restaurant eingeladen worden. Sie unterhielten sich blendend und alles schien perfekt.

Als das Essen serviert wurde, kostete dieser Mann ohne zu fragen von ihrem Teller und behauptete: »Du solltest mehr Sojasoße nehmen.« Während des folgenden Gesprächs vergaß Eva diese kleine Szene und ließ sich in einen Flirt verwickeln. Erst als sie später zu Hause in Ruhe allein auf ihrem Bett lag, ließ sie den Abend vor ihrem inneren Auge vorbeiziehen und entschied sich gegen diesen Mann.

Als sie ihn später auf Partys mit seiner neuen Partnerin wiedertraf, konnte sie seine unsensible Art, Dominanz und Übergriffigkeit wiederholt beobachten und freute sich über ihre Entscheidung.

Spiegel der Seele

Schauen Sie Menschen in die Augen.

Die Aussage, dass unsere Augen ein Spiegel der Seele sind, trifft zu.

Versuchen Sie, in den Augen Ihres Gegenübers den göttlichen Funken oder die Tiefe und Zeitlosigkeit seiner Seele wahrzunehmen.

Wenn Sie sich darin üben, Menschen tief und gründlich in die Augen zu schauen, werden Sie Ihre Menschenkenntnis vergrößern.

Haushaltsgegenstand

Wählen Sie aus Ihrem Hausrat oder Wohnungsinventar spontan einen Gegenstand aus. Stellen Sie diesen Gegenstand vor sich hin, entspannen Sie sich und vertiefen Sie sich ganz in diesen Gegenstand. Beschreiben Sie die Eigenschaften dieses Gegenstandes in Ihrem Intuitionstagebuch.

Bitte erst weiterlesen, wenn Sie die Übung beendet haben.

★

Wenn Sie fertig sind, lesen Sie sich alles durch und versuchen Sie zu entdecken, was dieser Gegenstand mit Ihnen gemeinsam hat und welche Eigenschaften Sie Ihrem künftigen Partner mitteilen möchten.

Party

Nutzen Sie eine Party oder eine andere Menschenansammlung dazu, intuitiv Aussagen über Menschen zu machen, die Sie nicht kennen.

Wählen Sie sich eine Person aus, die Sie kennen lernen möchten und beobachten Sie diese aus einer gewissen Distanz. Stellen Sie Vermutungen über diesen Menschen an und überprüfen Sie anschließend in einem netten Gespräch, ob Ihre Intuition Sie richtig geführt hat.

100 Dinge

Nehmen Sie ein großes Blatt Papier oder Ihr Intuitionstagebuch zur Hand und schreiben Sie schnell und ohne nachzudenken eine Liste mit der Überschrift: 100 Dinge, die ich mag, oder: 100 Dinge, nach denen ich mich sehne.

Damit sind nicht nur Gegenstände gemeint, sondern auch »Dinge« wie Zärtlichkeit, Küsse, positive Gedanken etc.

Wichtig ist, dass Sie wirklich nicht überlegen, sondern einfach aufschreiben, was Ihnen gerade in den Kopf kommt.

Mann/Frau

Schreiben Sie einen dieser beiden Begriffe in die Mitte eines großen Blattes. Wählen Sie den jeweils gegengeschlechtlichen Begriff, also »Mann«, wenn Sie eine Frau sind. Schreiben Sie dann ohne nachzudenken alles auf, was Ihnen dazu einfällt und zwar so, wie ich es auf S. 67 beschrieben habe.

Heben Sie das Blatt auf. Es enthält Hinweise auf Ihren künftigen Partner.

Das Haus

Die folgende Übung ist etwas aufwändiger. Bitte lesen Sie die Auswertung erst, wenn Sie die Übung durchgeführt haben, damit auch wirklich Ihre Intuition angesprochen ist. Sprechen Sie Ihre Eindrücke auf Kassette oder schreiben Sie sie gleich im Anschluss an die Übung auf.

Setzen oder legen Sie sich bequem hin und entspannen Sie sich. Lassen Sie den Atem fließen und atmen Sie alle Gedanken einfach aus ... Stellen Sie sich dann in einiger Entfernung ein Haus vor. Welche Jahreszeit ist gerade? Wie weit ist das Haus von Ihnen entfernt? Wie genau sieht es aus und aus welchem Material ist es gebaut? In welcher Umgebung liegt es?

Gehen Sie nun in Ihrer Vorstellung auf das Haus zu. Was nehmen Sie mit? Was haben Sie an? Begegnet Ihnen jemand auf dem Weg zum Haus? Wie finden Sie das? Verändert sich das Aussehen des Hauses? Wie viele Fenster und Türen hat es? Hat es einen bestimmten Geruch? Erinnert Sie das Haus an irgendetwas?

Gehen Sie nun in das Haus hinein. Welchen Eingang benutzen Sie? Wer lebt in dem Haus? Begrüßt Sie jemand? Ist es in Ordnung, dass jemand dort lebt? Hören Sie Geräusche? Wie viele Zimmer gibt es und welches betreten Sie zuerst? Erinnert Sie das Zimmer an jemanden? Wie ist das Innere des Hauses gestaltet?

Wohin möchten Sie als Nächstes gehen?

Was möchten Sie an dem Haus verändern, um es behaglicher zu machen? Was mögen Sie besonders an diesem Haus? Wollen Sie irgendetwas verändern?

Gehen Sie jetzt davon aus, dass das Haus Ihnen gehört und Sie für immer darin leben werden. Wie fühlen Sie sich bei dieser Vorstellung?

★

Auswertung (Bitte erst lesen, wenn alles notiert ist!)

Das Haus in der Ferne symbolisiert alles, worauf Sie sich in Ihrem Liebesleben gerade zubewegen.

Was Sie mitbringen oder bei sich tragen, steht für das, was Sie noch benötigen, um Ihr Ziel zu erreichen. Das, was Sie anhaben, steht für das, was wichtig für Sie ist. Alles, was Ihnen auf dem Weg begegnet, steht für vergangene Erfahrungen, die Sie anschauen müssen, um Ihr Ziel zu erreichen. Treffen Sie jedoch auf jemanden, den Sie nicht kennen, könnte das Ihr zukünftiger Partner sein.

Die Entfernung zwischen Ihnen und dem Haus symbolisiert die Entfernung zu Ihrem Liebesziel. Die Nahansicht des Hauses steht für die Realität. Die Art und Weise, wie Sie das Haus betreten, steht dafür, wie Sie sich Ihrem Liebesziel nähern. Ihre Erinnerungen sagen Ihnen etwas über Ihren zukünftigen Partner.

Der Teil des Hauses, den Sie aufsuchen wollen – also z.B. Dachboden oder Keller – kann Ihnen etwas darüber sagen, was Ihnen an der Beziehung wichtig ist.

Wenn jemand aus der Vergangenheit in dem Haus wohnt, fragen Sie sich, ob das passend ist. Falls Sie den oder die Bewohner nicht kennen, könnten es Menschen sein, die Ihnen zukünftig begegnen.

Die Veränderungen, die Sie am Haus vornehmen, symbolisieren Veränderungen, die Sie in Zusammenhang mit Ihrer Partnerschaft vornehmen sollten.

Beispiel: Hannas Haus

Das Haus ist relativ nah, zwanzig Meter.

Es ist Spätsommer und das Haus ist weiß mit einem schwarzen Dach. Es hat ein Erdgeschoss und ein Stockwerk und es steht auf einer Klippe.

Ich muss einen dicken Wollpullover anziehen, es ist windig, ich brauche auch Gummistiefel und noch eine Öljacke.

Ich nehme etwas zum Kochen mit und etwas zum Lesen. Außerdem ein bequemes Kissen, Kerzen, Tee und ein Lammfell. Und meinen Hund.

Mir begegnet niemand.

Die Fenster stehen offen und die Gardinen flattern im Wind. Die Tür ist auch offen. Das Haus ist unbewohnt.

Die Möbel sind abgedeckt. Alles ist da, aber es muss erst wieder hergestellt werden. Ich sehe eine Tür, zehn Fenster unten und vier oben.

Es riecht nach Holz und Meer. Innen riecht es muffig.

Das Haus ist aus Stein mit einem Schieferdach. Es hat auch ein Turmzimmer.

Man geht die Treppe hoch, zur Veranda. Das ist der Eingang.

Es hat keinen Garten. Es liegt mitten in der Natur auf der Klippe.

Ich sehe Sand, Steine, Rasen und Dünengras.

Es erinnert mich an einen Film, den ich einmal gesehen habe, einen Liebesfilm. Ein Paar machte Ferien in so einem Haus. Der Mann war krank, er hatte Krebs, und sie fanden in dem Haus zueinander.

Am Strand liegt ein Boot.

Es gibt keine Nachbarn.

Ich betrete das Haus durch die Vordertür und bin gleich im Wohnzimmer. Es gibt keinen Flur. Ich sehe einen Kamin, ein rundes Zimmer, ein Klavier.

Es ist alles schmutzig und eingestaubt.

Ich freue mich auf die Arbeit, es herzurichten.

In der Küche steht ein alter Herd.

Geschirr ist da. Ich sehe eine Hintertür.

Ich gehe auf der Treppe nach oben.

Ich sehe ein Badezimmer mit Wanne. Das Schlafzimmer. Es hat offene Fenster, die Gardinen flattern. Es ist ganz kalt.

Aber das Fenster geht zum Meer raus.

Die anderen Zimmer lasse ich geschlossen. Die brauche ich jetzt nicht anzugucken. Das mache ich irgendwann mal.

Es ist windig.

Im Wohnzimmer denke ich an meine Oma. Sie würde sich da wohl fühlen.

Das Schlafzimmer macht mich traurig. Aber ich habe es mir trotzdem ausgesucht.

Die Küche ist warm. Da liegt der Hund. Da fühle ich mich wohl.

Ich will kochen und Freunde einladen.

Feriengäste – dafür könnten die anderen Zimmer sein.

Ich würde die Gardinen wegnehmen, es müsste heller sein. Ich würde streichen.

Im Wohnzimmer sind zu viele Möbel.

Das Bad würde ich türkis streichen, alles.

Von außen ist das Haus in Ordnung, da brauche ich nichts machen, innen müsste man viel verändern.

Von außen kann man nicht sehen, dass es sich innen verändert.

Ein Postkasten muss ran.

Telefon ist da nicht. Auch kein Fernseher. Das will ich auch gar nicht haben.

Die Küche mag ich besonders gern. Auch die Lage des Hauses gefällt mir, der Platz, wo es steht, die Einsamkeit und die Nähe zum Meer. Und es ist robust.

Da steht eine Frau, die guckt zu mir rüber.

Ich winke, sie winkt zurück. Ich glaube, die ist nett und im Moment auch allein. Sie hat einen Garten.

Ich möchte da nicht allein bleiben. Nicht für immer, nur für eine Zeit und dann wieder in die Stadt.

Interpretation

Hanna ist ihrem Liebesziel sehr nah. Es hat aber derzeit nicht mit einem Mann zu tun, sondern mit ihr selbst. Sie braucht Rückzug – ohne Schmuck und ohne Schminke –, Zeit für sich selbst und Besinnung auf das Wesentliche. Und sie muss sich schützen, darauf weist die wetterfeste Kleidung hin.

Hannas derzeitiger Mann ist tatsächlich krank. Sie lässt ihn nicht im Stich, aber das Boot deutet darauf hin, dass sie oft an Trennung und Abschied denkt und dass diese Möglichkeit auch gegeben ist.

Ihre derzeitige Liebesbeziehung ist nicht gepflegt. Da muss viel Altes entsorgt und entmüllt werden. Vieles ist überholt und wertlos geworden, was früher einmal wichtig war. Das Reinigen und Entmüllen macht Hanna Spaß. Sie hat Lust auf Erneuerung und Helligkeit, Klarheit. Und sie sucht – im Schlafzimmer – nach Sexualität, aber zur Zeit spielt sich da nur Kälte ab.

Es gibt aber auch viel Nährendes im übertragenen Sinn, die Küche. Sich selbst und andere zu umsorgen gibt Kraft. Die Beziehung zu einer Freundin könnte wertvoll werden.

Heiratsanzeigen

Wählen Sie aus einer großformatigen, überregionalen Zeitung die Seite mit Annoncen aus, in der Männer nach Frauen suchen. Schließen Sie die Augen und entspannen Sie sich, während die Zeitung vor Ihnen liegt. Bitten Sie Ihr höheres Selbst oder Ihren Engel, die kosmische Intelligenz, Ihnen behilflich zu sein. Fahren Sie dann blind mit dem Finger über die Anzeigen und machen Sie intuitiv bei einer Halt. Öffnen Sie die Augen und lesen Sie sich die Anzeige durch. Sind Sie angesprochen? Wenn nicht, wiederholen Sie diese Übung in der nächsten Woche oder geben Sie selbst eine Anzeige auf.

Ein Bekannter von mir, der in den USA aufwuchs, hatte eine Ausbildung in England beendet und überlegte, in welches Land sein Leben ihn nun führen sollte. Da er auf einem biologisch-dynamisch geführten Bauernhof arbeiten wollte, legte er eine internationale Liste mit entsprechenden Höfen vor sich hin.

Dann schloss er die Augen, streckte seinen Zeigefinger aus und fuhr die Liste blind ab. Intuitiv machte er

Halt und landete so auf einem Hof in Deutschland, auf dem er dann seine zukünftige Frau kennen lernte.

Sehnsucht

Legen Sie Ihr Intuitionstagebuch aufgeschlagen vor sich und einen Stift schreibbereit.

Entspannen Sie sich so, wie Sie es gelernt haben ... Werden Sie innerlich still und atmen alle Gedanken aus ... Bitten Sie Ihr höheres Selbst oder die kosmische Intelligenz, Ihren Engel, um Mithilfe. Konzentrieren Sie sich dann auf Ihre Vorzüge und guten Eigenschaften ... Lassen Sie alles zu, was kommt ... Öffnen Sie dann die Augen und schreiben Ihre guten Eigenschaften auf. Entspannen Sie sich erneut ... Konzentrieren Sie sich auf Ihre Sehnsucht ... Wonach sehnen Sie sich wirklich ... Lassen Sie sich Zeit dafür, Ihre Sehnsüchte wirklich *wahrzunehmen* ... Öffnen Sie die Augen und schreiben Sie auf, wonach Sie sich sehnen ... Fangen Sie an, Hände und Füße zu bewegen und sich zu recken und zu strecken ...

Wenn Sie wieder wach sind, formulieren Sie eine Anzeige aus den aufgeschriebenen Vorgaben und veröffentlichen Sie diese unter Chiffre in einer überregionalen Zeitung Ihrer Wahl.

Den Traumpartner finden

Entspannen Sie sich. Lassen Sie innerlich ein Bild von Ihrem künftigen Partner entstehen. Finden Sie ein Symbol für sich selbst und für Ihren Traumpartner. Welche Charaktereigenschaften sollte er haben? Wie soll er aussehen? Welche Eigenschaften sind Ihnen wichtig? Wie soll Ihre gemeinsame Zukunft konkret aussehen? Was sind Sie bereit zu geben?

Gehen Sie tief in jede Vorstellung hinein und spüren Sie, welches Gefühl dabei in Ihnen ausgelöst wird.

Wenn Sie sich längere Zeit mit einer Ihrer Vorstellungen richtig wohl fühlen, stimmt dieses Bild und Sie können anfangen, nach genau diesem Partner Ausschau zu halten.

Fragen Sie nun:

- Wie wird die Realisierung meines Wunsches gelingen?
- Wann wird es so weit sein?
- Wie komme ich ans Ziel?
- Was ist der erste Schritt?
- Woran erkenne ich, dass es der Richtige ist?

Rufen Sie sich Ihre Vorstellungen Ihres Traumpartners ins Gedächtnis und vertrauen Sie Ihrer Intuition. Vielleicht kennen Sie den idealen Partner schon, vielleicht laufen Sie ihm genau in die Arme.

Inge hatte nach einer gescheiterten Beziehung immer den Satz im Ohr: »Bevor du einen neuen Mann findest, musst du dein Haus verkaufen.« Sie konnte sich das nicht erklären. Sie verkaufte ihr Haus – und verliebte sich in den Käufer.

Sie sind bis heute ein Paar und vermieten Inges Haus an Feriengäste.

Entscheidungen

Wenn Sie einen potentiellen Partner gefunden haben, machen Sie ab und zu die »Ja oder nein?«-Übung von S. 43. Zum Beispiel: Soll ich mich heute mit ihm treffen? Soll ich mich an diesem Ort mit ihm treffen? Soll ich ihn heiraten? Wenn Sie die Antwort erhalten, prüfen Sie, ob es sich um alte Ängste oder Muster handelt. Intuition ist fast immer etwas ganz Unverhofftes und Neues. Wenn eine Angst aufsteigt, die Sie auch von anderen Beziehungen her kennen, handelt es sich nicht um Intuition, sondern um alte Muster, die Sie besser mithilfe einer Therapie überwinden.

Was will ich zeigen?

Malen Sie zügig und mit der schreibungewohnten Hand (also der linken, wenn Sie Rechtshänderin sind) ein Selbstporträt. Beschriften Sie es anschließend mit dem Datum.

Wenn das Bild fertig ist, vertiefen Sie sich in Ihr Werk. Was gefällt Ihnen daran und was nicht? Schreiben Sie alle aufkommenden Gefühle, Gedanken und Bilder in Ihr Intuitionstagebuch. Was würden Sie von diesen Assoziationen Ihrem künftigen Liebsten mitteilen wollen und was soll Ihr Geheimnis bleiben?

Was löst er in mir aus?

Schreiben Sie fünf Dinge auf, die Sie in eine friedliche, fröhliche Stimmung versetzen.

Vergleichen Sie diese Dinge mit Ihrem künftigen Partner.

Was entsteht zwischen uns?

Setzen Sie sich still an einen Platz, an dem Sie möglichst ungestört sind, und nehmen Sie eine entspannte Haltung ein. Lassen Sie vor Ihrem inneren Auge ein Tier entstehen, das Sie selbst darstellt. Schauen Sie sich dieses Tier genau an, wie es aussieht, wie es sich bewegt, was es fühlt, wie es ihm geht und was es braucht. Identifizieren Sie sich mit diesem Tier.

Lassen Sie dann ein zweites Tier vor Ihrem inneren Auge erscheinen, das Ihren potentiellen Partner symbolisiert. Schauen Sie sich das Tier genau an. Wie sieht es aus, was tut es, was braucht es? Beobachten Sie die beiden Tiere ganz genau. Wie können sie zueinander finden, was können sie miteinander treiben, wie läuft das Spiel oder gemeinsame Leben ab? ... Vertiefen Sie sich ganz in Ihre inneren Bilder und schreiben Sie dann alle Gedanken, Assoziationen und Erlebnisse in Ihr Intuitionstagebuch.

Unsere Intuition führt uns nicht nur zu den passenden Menschen, sondern warnt uns auch vor den unpassenden. Schieben Sie bei allen menschlichen Begegnungen Ihre Intuition nicht beiseite, sondern hören Sie auf sie.

Eva hatte fast zwanzig Jahre lang einen Liebhaber. Er wohnte sehr weit entfernt und traf sie ein- oder zweimal im Jahr in einem bestimmten Hotel.

Diese gemeinsamen Erlebnisse waren wunderschön und taten Eva gut. In der Zwischenzeit hörten sie wenig voneinander. Ab und zu ein Anruf, hin und wieder ein Liebesbrief. Mehr nicht. Jetzt war ein neues Treffen angesagt. Wie immer machte Eva sich schön und fuhr hin. Als sie das Hotelzimmer betrat, hatte sie plötzlich ein Gefühl von »Du musst hier weg!«. Unter dem Vorwand, noch einmal an ihr Auto zu müssen, drehte sie sich um und rannte weg. Sie kehrte nie zurück. »Es war einfach Intuition«, sagte sie später.

Etwas in ihr hatte sie gewarnt. Eva glaubt, sie wäre schwanger geworden – und das zu einem Zeitpunkt, wo sie fühlte, dass sie diese Art der Beziehung satt hatte.

Inga hatte beschlossen, Ihren Traumpartner über das Internet zu finden. Sie chattete mit einem Menschen, dessen Chancen bei Inga von Mal zu Mal wuchsen. Er war nach seinen Angaben 1,80 groß, sportlich, hatte blaue Augen, ein Kind, ein Haus, einen guten Beruf ... Alles genau so, wie Inga sich das erhofft hatte. Deshalb beschloss sie, nun auch mit ihm zu telefonieren. Sie fand seine Stimme auf Anhieb sympathisch und sie genoss auch die SMS, die er ihr immer genau zum richtigen Zeitpunkt schickte. Liebe Gedanken zu einem Turnier, guten Mut für eine Konferenz ... Alles schien zu stimmen. Nun wurde es Zeit, sich auch persönlich kennen zu lernen. Soll ich oder soll ich nicht?, dachte Inga nun fast täglich und alles in ihr sagte: Nein! Ihr Verstand zählte dann sofort auf, was dieser Mann für gute Eigenschaften hatte und pochte auf Ja. Weil die Entfernung zwischen den beiden ziemlich groß war, überlegte Inga noch lange, aber es blieb bei einem eindeutigen Nein aus dem Bauch und einem eindeutigen

Ja des Verstandes. Also fuhr sie. Sie trafen sich auf einem Rastplatz zwischen ihren Heimatorten. Schon als Inga aus dem Auto stieg und ihn auf sich zukommen sah, wusste sie, wie Recht ihre Intuition gehabt hatte. Dieser Mensch hatte zwar blaue Augen, aber das war auch die einzige Angabe zu seinem Äußeren, die stimmte. Alles andere war schlichtweg nicht wahr: Er war weder sportlich noch groß, sein Kind lebte gar nicht bei ihm und seine ganze äußere Erscheinung war für Inga absolut indiskutabel. »Gefehlt hat nur noch die Alkoholfahne«, meinte sie später über ihn. Nach einem Gespräch in der Raststätte verabschiedeten sich die beiden für immer. »Wenn ich auf meine Intuition gehört hätte, hätte ich 'ne Menge Geld gespart«, erzählte Inga noch. Aber hinterher ist man immer klüger.

Bis man anfängt, seiner Intuition zu trauen.

Enttäuschungen überwinden

Erinnern Sie sich an einen Moment der Enttäuschung in einer vergangenen Liebesbeziehung. Bitten Sie Ihre Intuition dann, Ihnen ein Bild, ein Symbol, einen Gedanken oder ein Gefühl zu vermitteln, das helfen kann, Ihre Enttäuschung zu überwinden. Lassen Sie sich überraschen, ob Sie Ihre Antwort jetzt oder erst später erhalten.

Liebesbeweise

Entspannen Sie sich und legen Sie Ihr Intuitionstagebuch aufgeschlagen vor sich und Ihren Stift schreibbereit.

Versetzen Sie sich dann in Ihrem Geist zurück in eine Zeit, in der Sie sich geliebt fühlten. Woran genau haben Sie gemerkt, dass Sie geliebt wurden? Erinnern

Sie sich so detailliert wie möglich an Gesten und Handlungen, die Ihnen das Gefühl gaben, geliebt zu sein.

Schreiben Sie dann Sätze in Ihr Tagebuch, die wie folgt anfangen:

* Jemand, der mich liebt, wird ...
* Ich weiß, dass er mich liebt, weil ...

Inspiration

Achten Sie tagsüber auf Bilder, die Ihnen begegnen und in Ihnen ein Liebesgefühl auslösen. Schneiden Sie diese Bilder aus und kleben Sie sie nach und nach zu einer großformatigen Collage zusammen. Schmücken Sie mit dieser Collage Ihr Zimmer.

Der Baum

Entspannen Sie sich und beginnen Sie, auf Ihren Atem zu achten, wie er kommt und geht, ganz von allein ...

Stellen Sie sich dann einen Baum vor ... Wie sieht er aus, welche Blätter oder Früchte trägt er, welche Jahreszeit ist gerade, wie riecht der Baum und wie fühlt er sich an ...? Vertiefen Sie sich ganz in diesen Baum ...

Verwandeln Sie nun den Baum in einen Menschen ... Wer ist dieser Mensch, wo kommt er her, wie sieht er aus, was ist seine Aufgabe? Benutzen Sie all Ihre Sinne, um diese Person wahrzunehmen ...

Nun lassen Sie einen zweiten Baum vor Ihrem inneren Auge erscheinen.

Wie sieht dieser Baum aus, welche Blätter oder Früchte trägt er, in welcher Jahreszeit wächst er gerade etc. ...? Vertiefen Sie sich ganz in diesen Baum ... Verwandeln Sie dann auch diesen Baum in einen Menschen und nehmen Sie diesen mit allen Sinnen wahr.

Beachten Sie, wo die Bäume stehen und wie sie sich im Zusammensein fühlen. Welche Gefühle haben sie zueinander? Was verbindet sie? Was erschaffen sie gemeinsam? Was geben Sie einander und was brauchen sie voneinander?

Bitte erst weiterlesen, wenn Sie die Übung beendet haben.

★

Der erste Baum sagt etwas über Sie, der zweite etwas über Ihren Partner aus.

Der Baum symbolisiert Eigenschaften, die Sie bei einem Partner suchen bzw. für sich selbst wünschen oder schon haben. Möglich ist auch, dass das Bild des zweiten Baumes Vorhersagen über Ihren künftigen Partner enthält. Gehen Sie diesen nach. Kommen Sie in den nächsten Wochen immer wieder auf diese Übung zurück und erforschen Sie die darin enthaltenen Botschaften.

Partnerschaft genießen

> Liebe ist ein innerer Zustand, der es uns erlaubt, unserem Leben mit mehr Verständnis zu begegnen. Wenn wir lieben, erkennen oder schaffen wir Möglichkeiten, an die wir vorher nicht gedacht haben.
>
> LAURA DAY

Wenn Sie sich eines Tages aus ganzem Herzen für einen Menschen entschieden haben, kann Ihnen Ihre Intuition helfen, im alltäglichen Liebesleben die richtigen Entscheidungen zu treffen.

Denken Sie mehrmals täglich ganz bewusst an Ihren Partner. Versuchen Sie intuitiv herauszufinden, wie es ihm geht, und rufen Sie ihn an, wenn das möglich ist und Sie das Gefühl haben, es würde ihm jetzt gut tun.

Fragen Sie sich: Was brauche ich heute? Und spüren Sie in sich hinein, bis Sie Ihre Bedürfnisse wahrnehmen.

Fragen Sie dann: Was braucht Ihr Partner heute? Und spüren Sie auch dieser Frage in Ihrem Inneren nach. In einer Beziehung müssen Geben und Nehmen ausgeglichen sein. Sie werden sich nur glücklich fühlen, wenn sowohl Ihre als auch die wesentlichen Bedürfnisse Ihres Partners erfüllt werden.

Wenn Sie sich begegnen, tauschen Sie sich darüber aus. Haben Sie die Bedürfnisse des anderen intuitiv erkannt?

Wenn Sie plötzlich aus dem Nichts heraus an Ihren Partner denken müssen, rufen Sie ihn an oder schreiben Sie sich die Uhrzeit auf, zu der Sie die Gedanken hatten. Versuchen Sie herauszufinden, was gerade um diese Zeit mit ihm los war.

Handeln Sie täglich »aus dem Herzen« heraus, auch wenn sich Ihr Verstand dagegen wehrt.

Wenn wir mit jemand zusammenleben, müssen sich unsere individuellen Bedürfnisse denen des Partners anpassen, ohne dass wir zu viel von uns aufgeben. Gegenseitige Wertschätzung und Respekt müssen die Grundlage sein, damit jeder das Gemeinsame, das Gemeinsame aber auch jeden stärkt.

Unsere Intuition kann uns helfen, in Liebesdingen sinnvolle Entscheidungen zu treffen und auf das Wesentliche zu achten.

Telepathie

Während wir unsere Intuition dazu benutzen, Informationen zu erhalten, können wir mit der Gabe der Telepathie Gedanken und Gefühle an andere übermitteln. Entfernungen spielen dabei keine Rolle. Telepathie ist die gängigste Form der intuitiven Erfahrung und fast jeder Mensch hat schon einmal die Erfahrung gemacht, dass er an jemanden gedacht hat und genau dieser Mensch ihm dann einen Brief schrieb oder ihn anrief. Gedankenübertragung!

Vielleicht kennen Sie auch folgendes Kinderspiel: Wenn zwei Menschen zur gleichen Zeit genau dasselbe sagen, heißt es »Chips-Cola!« und dann darf der andere so lange nicht sprechen, bis man seinen Namen nennt, oder beide dürfen sich etwas wünschen.

Rona fand kürzlich das Foto eines der Kinder, das sie über Jahre heilpädagogisch betreut hatte, auf ihrem Dachboden. Inzwischen waren drei Jahre vergangen und sie hatte den Jungen nie wieder gesehen. Sie dachte beim Anblick des Fotos: Wie es Tjorven wohl heute geht? Wenige Tage später rief ganz unvermittelt die Mutter des Kindes an und sagte: »Ich muss seit Tagen an Sie denken und möchte Ihnen erzählen, wie es Tjorven inzwischen ergangen ist ...«

Telepathie ist inzwischen auch bewiesen. In einer Studie des CIA konnten menschliche Empfänger ein Bild oder eine Situation in allen Einzelheiten beschreiben, die hunderte und tausende Kilometer entfernt von einem Betrachter gesehen wurde.

Wir alle senden ständig Gedanken und Gefühle aus und sollten uns einmal klar machen, dass wir damit auch in der Welt etwas bewirken. Nichts geht verloren! Gedanken der Liebe sind mit Sicherheit diejenigen, die uns selbst, unseren Mitgeschöpfen und dem Planeten am besten dienen.

Wenn Sie Ihre telepathischen Fähigkeiten verbessern wollen, können Sie folgende Übung regelmäßig durchführen:

Botschaften senden

Denken Sie sich jemanden aus, von dem Sie gern angerufen werden möchten, zum Beispiel von Ihrem Partner. Entspannen Sie sich. Bitten Sie Ihre Intuition, Ihnen Botschaften und Gefühle einzugeben, die Ihren Partner motivieren könnten, Sie anzurufen. Setzen Sie dann all Ihre Sinne ein, um festzustellen, was Ihr Partner gerade tut und wie er sich fühlt. Versetzen Sie sich ganz und gar in die andere Person. Sehen Sie mit seinen Augen, fühlen Sie seine Gefühle und Empfindungen ... Übersenden Sie ihm dann jene Botschaften und Gefühle, die ihn motivieren könnten, Sie anzurufen. Notieren Sie, wann das Telefon klingelt.

In einer Partnerschaft sollten wir uns darüber im Klaren sein, dass wir Gedanken und Gefühle aussenden, die den anderen beeinflussen. Wenn Sie ständig Angst haben, Ihren Partner zu verlieren, wird er das wahrnehmen und es als »Klammern« lästig finden, auch wenn Sie es nicht aussprechen. Das, was wir zu Recht als »Ausstrahlung« bezeichnen, trifft den Kern: Wir senden Gedanken und Gefühle aus, strahlen sie auf andere ab wie Licht von einer Lampe. Oft haben wir dann die Tendenz, diese Gedanken oder Gefühle zu unterdrücken. Das wäre aber nicht nützlich, denn erstens schaden wir damit uns selbst, weil die Gefühle in unserem Inneren weiterrumoren, zum anderen merkt unser Gegenüber, wenn wir nicht echt sind, uns nicht in Übereinstimmung mit unseren Gefühlen verhalten. Oft ist es hilfreich, dem anderen zu sagen, was mit uns los ist. »Ich fühle mich heute niedergeschlagen. Dafür gibt es eigentlich keinen Grund, aber es ist so.« Oder: »Ich habe Angst, dir könnte auf der Geschäftsreise etwas passieren. Rufst du mich bitte an?«

Wenn bestimmte Gefühle immer wieder auftreten und Sie zu überwältigen drohen, können Sie sich therapeutische Hilfe holen. In vielen Fällen tut es schon einfach gut, sich gegenseitig auszutauschen und gerade über die unangenehmen Gefühle zu reden.

Mein Mann und ich sind hin und wieder zornig aufeinander, denn wir sind sehr verschieden und haben entsprechend sehr unterschiedliche Ansichten.

Kürzlich kritisierte mich mein Mann wegen einer Kleinigkeit, woraufhin ich ihm einen verachtlichen Blick zuwarf. Mein Gefühl war in diesem Augenblick tiefe Verachtung. Er fragte mich daraufhin humorvoll: »Was will mir dieser Blick sagen?« Ich antwortete finster: »Nichts Gutes!«

Daraufhin erzählte ich ihm, schon etwas heiterer, wie wichtig es ist, auf die eigenen Gedanken und Gefühle zu achten, denn sie bleiben ja in der Welt bestehen und wirken weiter. Mein Gefühl eben wäre wegen seiner Kritik sehr verächtlich gewesen und das würde ja nun der Welt schaden. Er grinste und vertiefte sich in die Morgenzeitung. Während er las, machte ich einen Versuch: Ich konzentrierte mich ganz auf seine guten Eigenschaften und dachte bewusst freundliche Sätze über ihn. Nach kurzer Zeit schaute er von der Zeitung auf, lachte und sagte: »Jetzt hast du mir positive Gedanken geschickt, stimmt's?«

Wellen der Liebe

Ein befreundeter Therapeut hat mir Folgendes zur Nachahmung empfohlen: »Bevor ich mit jemand ein Gespräch beginne, schicke ich dieser Person – unabhängig davon, wie schwierig ich sie empfinde – Wellen der Liebe. Dadurch wird jedes Gespräch tiefer und verständnisvoll.«

Hierzu berichtete er mir noch von einem Erlebnis, das Phyllis Krystal ihm erzählt hatte: Auf einer Flugreise geriet die Maschine in die Hände von Terroristen. An Bord brach Panik aus. Phyllis schloss die Augen und suchte den Kontakt zu ihrem höheren Selbst. »Was soll ich tun?«, fragte sie. »Liebe sie!«, kam die eindeutige Antwort. Phyllis bemühte sich, den Terroristen Liebe zu schicken, aber angesichts der Panik und der bedrohlichen Situation gelang es ihr nicht. Nach dem dritten Versuch, sich auf Liebesenergie zu konzentrieren, gab sie auf und bat: »Bitte – liebe du sie durch mich!« Jetzt wurde sie innerlich ganz still und wunderbar ruhig. Wenig später erhielt das Flugzeug die Sondererlaubnis, in Amsterdam zu landen. Durch eine Rutsche gelangten alle Passagiere nach draußen. Wenige Minuten später explodierte das Flugzeug.

Versuchen Sie, gerade in schwierigen Situationen Ihrem Partner Liebe zu schicken. Die Übung ist nicht einfach! Gewöhnlich ist es für uns leichter, Menschen in fernen Ländern Mitgefühl zu schicken als denen, die uns am nächsten stehen. Dennoch lohnt es sich ungemein, sich darin zu üben!

Sich mit dem höheren Selbst verbinden

Die Methode, die Phillis Krystal anwendet, um mit ihrem höheren Selbst in Kontakt zu treten, hat sie in ihrem Buch *Die inneren Fesseln sprengen* beschrieben. Sie wurde ihr schon in den Fünfzigerjahren in »Wachträumen«, die den uns bekannten Fantasiereisen sehr ähnlich sind, eingegeben, als sie gemeinsam mit ihrer Freundin nach Antworten auf Sinnfragen wie »Warum sind wir auf der Welt? Wer sind wir? Wohin gehen wir?« suchte. Die beiden benutzten dazu ein vorgestelltes Dreieck als Arbeitsgrundlage, wobei Phyllis Punkt A, die Freundin Punkt B und das »höhere Bewusstsein« den Punkt C an der Spitze des Dreiecks bildete. Hierzu visualisierten sie eine Lichtlinie, die sie auf Bodenhöhe verband. »Darauf stellten wir uns eine Linie aus Licht vor, die durch die Wirbelsäule hinaufführte, durch die Schädeldecke hindurch und weiter nach oben, um sich bei Punkt C, der Spitze des Dreiecks, zu treffen. Dieser Punkt C stellte für uns den Treffpunkt mit unserem höheren Selbst dar, in dem wir eins sind. Nach einiger Zeit nannten wir diesen Punkt C das höhere Bewusstsein, und von da an übergaben wir jede Sitzung seiner Führung, indem wir darum baten, es möge uns gegeben werden, was wir zu diesem Zeitpunkt brauchten und handhaben konnten.«

Mit einem Partner kann nach Meinung von Phyllis Krystal jeder, der sich das wünscht, mit diesem Dreieck arbeiten.

Sie schreibt weiter: »Die meisten Menschen, die nach dem Sinn des Lebens suchen, haben eine – wenn auch noch so vage – Vorstellung von einer Kraft, die dem Menschen innewohnt und die begrenzte bewusste Persönlichkeit übersteigt. Die Tatsache, dass sie überhaupt Hilfe suchen, deutet darauf hin, dass sie zu dem Schluss gekommen sind, ihr bewusster Verstand und ihr Denken seien nicht in der Lage, all ihre Probleme zu bewältigen. Die Möglichkeit, bei der inneren Weisheit Hilfe zu suchen, wird meistens dankbar angenommen, wenn Wege gezeigt werden, mit dieser in Kontakt zu treten.«

An anderer Stelle nennt Phyllis Krystal die Hingabe an die innere Weisheit den Schlüssel zu Gesundheit und Ganzheit.

Mein Schutzschild

Setzen Sie sich schweigend an einen Tisch und malen Sie jeder für sich ein Wappen oder Schutzschild mit Symbolen für Eigenschaften, die Ihre Einzigartigkeit kennzeichnen. Wenn Sie nicht malen wollen, können Sie sich auch aus einem vorher bereitgelegten Stapel Fotos und Zeitschriften Symbole ausschneiden und aufkleben.

Tauschen Sie sich anschließend über Ihre Wappen aus.

Kleine Gesten der Liebe

Schenken Sie sich mindestens einmal in der Woche eine Blume bzw. Pflanze oder einen Pflanzenteil, mit dem Sie Ihrem Partner Wertschätzung ausdrücken wollen.

Das könnten am Wegrand gepflückte Wildblumen, Zweige, Blätter, Zapfen, Früchte oder auch gekaufte Blumen sein. Überreichen Sie Ihr Geschenk regelmäßig in einem kleinen Ritual, solange es Ihnen stimmig erscheint.

Fünf Dinge

Schreiben Sie fünf Dinge auf, die Sie in friedliche, freundliche Stimmung versetzen. Unter Dingen sind hier auch »Sonnenschein«, »Umarmung« oder andere Begriffe zu verstehen.

Bitten Sie Ihren Partner, das auch zu tun, und vergleichen Sie Ihre Listen.

Partner-Mandala

Für die folgende Übung benötigen Sie Buntstifte und einen Mandala-Malblock.

Wählen Sie gemeinsam ein vorgegebenes Mandala aus einem Malblock aus. Teilen Sie es mit einem Lineal in zwei Hälften und malen Sie jeder eine Hälfte schweigend mit den Farben Ihrer Wahl aus. Vertiefen Sie sich anschließend still in Ihr gemeinsames Bild.

Sprechen Sie dann über Ihre Gefühle und Empfindungen und inneren Bilder beim Malen, über Ihre Assoziationen und Ihre Farbwahl.

Einsame Insel

Stellen Sie sich vor, Sie würden auf eine einsame Insel fahren und dort längere Zeit verweilen müssen.

Erstellen Sie jeder für sich eine Liste mit zehn Sachen, die Sie unbedingt mitnehmen würden.

Vergleichen Sie diese Liste mit Ihrem Partner.

Stimmung

Wählen Sie beide spontan je einen Gegenstand aus Ihrem Hausrat oder dem Spielzeug Ihrer Kinder aus, der etwas mit Ihnen und Ihrem gegenwärtigen Zustand zu tun hat. Reden Sie nicht dabei.

Setzen Sie sich ungestört an einen Ort und entspannen Sie sich schweigend.

Beschreiben Sie dann den Gegenstand Ihres Partners und sagen Sie intuitiv etwas über seinen Zustand aus. Während Sie das tun, darf Ihr Partner nicht sprechen. Erst wenn Sie beide Ihrer Intuition Ausdruck gegeben haben, dürfen Sie sich darüber austauschen. Sie können die Übung bei einem folgenden Mal erweitern, indem Sie einen Gegenstand für sich und einen für Ihren Partner auswählen und dann auf die gleiche Weise verfahren.

Wichtig ist, dass Sie sich erst austauschen, wenn jeder seine intuitiven Vermutungen preisgegeben hat.

Beziehung

Setzen Sie sich regelmäßig zusammen und schreiben Sie jeder auf ein Blatt Papier Sätze, die wie folgt anfangen:

- ⋆ Das Aufregende an einer Beziehung ist ...

Schreiben Sie ohne nachzudenken und beenden Sie die Übung, wenn Ihnen spontan nichts mehr einfällt. Tauschen Sie anschließend Ihre Blätter und reden oder lachen Sie darüber.

Wiederholen Sie diese Übung ein andermal mit folgenden Satzanfängen:

- ⋆ Das Schöne an einer Beziehung ist ...
- ⋆ Das, was mich in einer Beziehung wachsen lässt, ist ...

Kinderspiele

Nehmen Sie sich beide einen Zeichenblock und Stifte Ihrer Wahl. Setzen Sie sich gemeinsam und schweigend an einen Tisch und malen Sie Dinge auf, die Sie als Kind gern gemocht haben.

Wenn Sie diese Übung beide beendet haben, tauschen Sie sich darüber aus.

Sie können auf diese Weise auch Hinweise für Ihren weiteren Lebensweg erhalten und sich gegenseitig darin unterstützen.

Landkarte

Zeichnen Sie beide für sich eine Landkarte, die Ihr Leben darstellt. Sie dürfen Farben, Zeichen und Symbole benutzen. Malen Sie schweigend.

Tauschen Sie sich anschließend mit Ihrem Partner darüber aus, was Sie beim Malen empfunden haben, und benutzen Sie diese intuitive Übung, um sich gegenseitig zu unterstützen.

Gefühle sind wie Farben

Besorgen Sie sich in einem Malerfachgeschäft oder Baumarkt eine Farbskala oder Palette, also Farbkärtchen oder -proben. Sie können diese mit einem Tuschkasten oder einer großen Anzahl Filz- oder Buntstifte auch selbst herstellen, indem Sie gleich große weiße Pappkärtchen bemalen.

Es sollten mindestens 25 sein.

Breiten Sie diese Kärtchen z.B. am Sonntagmorgen aus und wählen Sie beide für sich dasjenige aus, das Ihre Stimmung am besten trifft.

Zeigen Sie Ihrem Partner die Karte und tauschen Sie sich über die Farbe, Ihre Assoziationen, Gefühle, Bilder und Gedanken dazu aus.

Partnerschaft

Malen Sie beide ein Bild mit der Überschrift: Meine ideale Partnerschaft.

Tauschen Sie sich anschließend darüber aus und schreiben Sie Ihre Assoziationen, Gefühle, Bilder und Gedanken in Ihr Intuitionstagebuch.

Das Gespräch

Gespräche sind für die Qualität einer Partnerschaft ganz entscheidend. Nach meinen Beobachtungen führen viele Paare ihre Gespräche entweder zu sehr verstandes- oder zu gefühlsbetont.

Die Rationalisierer, die eher mit dem Verstand argumentieren, glauben, sie könnten Liebesdinge vom Verstand her lösen. Das geht aber nur in wenigen Fällen, denn wir wissen ja inzwischen alle, dass man Zahnpasta aus aufgerollten Tuben genauso gut oder schlecht entnehmen kann wie aus plattgedrückten. Auch andere kleine Angewohnheiten, die den Partner auf die Palme bringen, lassen sich nicht mit Argumenten beseitigen. Und es ist auch nicht der Verstand, der jemanden von der Palme herunterholt.

Wer allein aus dem Gefühl spricht, verletzt den anderen leicht, auch wenn er oder sie das nicht beabsichtigt. Wenn wir in Gesprächen Verstand, Intuition und Gefühl verbinden, haben wir die Chance, uns wirklich zu verstehen.

Der Verstand lädt uns ein, uns an Gesprächsregeln zu erinnern, die wir lernen können:

Senden Sie Ich-Botschaften aus, d.h. reden Sie von sich selbst und dem, was Sie fühlen. Sie dürfen Ihre Gefühle herausschreien und müssen nicht »nett« sein, wenn Sie nur bei sich selbst bleiben. Mit »Ich bin stinksauer!« tun Sie niemandem weh – aber setzen Sie dann kein »weil du ...« hinzu. Für Ihre Gefühle sind nur Sie selbst verantwortlich. Niemand anders kann Ihnen schlechte Gefühle machen. Reden Sie von Fakten, Gefühlen und Bedürfnissen. »Als du eben gelacht hast (Fakt), fühlte ich mich traurig (Gefühl), denn ich habe das Bedürfnis nach Respekt und Anerkennung.«

Verallgemeinern Sie nicht mit »immer«, »keiner« oder »nie«. Benennen Sie stattdessen konkrete Verhaltensweisen.

Bleiben Sie möglichst im Hier und Jetzt und zählen Sie nicht alle »Sünden« der Vorjahre auf.

Lassen Sie Vorwürfe sein, denn sie führen nicht weiter. Sprechen Sie stattdessen über Ihre wahren Bedürfnisse und schließen Sie eine Bitte an.

Wenn Sie in Zukunft auch die Intuition miteinbringen wollen, verfahren Sie wie folgt. Aber ich warne Sie: Diese Übung gehört zu den schwersten!

Intuition im Gespräch

Erinnern Sie sich an ein Gespräch, das Sie mit Ihrem Partner geführt haben, das aber nicht so gelaufen ist, wie Sie sich das gewünscht haben.

Nehmen Sie mit allen Sinnen einen beliebigen Moment dieses Gespräches wahr.

Versetzen Sie sich jetzt im Geiste vollständig in Ihr Gegenüber.

Wählen Sie die Körperhaltung Ihres Gegenübers und empfinden Sie seine Gefühle, sehen Sie, was er sieht, denken Sie, was er gedacht hat, und nehmen Sie alles so genau wie möglich wahr.

Schreiben Sie Ihre Eindrücke anschließend auf.

Wenn Sie lernen wahrzunehmen, wie Ihr Partner Ihre Worte, Bedürfnisse und Botschaften wahrnimmt, wird Ihre Kommunikation erheblich konstruktiver werden.

Herzensgespräche

Sehr empfehlenswert ist auch das so genannte Herzensgespräch. Stellen Sie sich vor einem Gespräch mit Ihrem Partner vor, Sie würden aus Ihrem Herzen heraus sprechen und auch mit dem Herzen zuhören. Legen Sie, um sich einzustimmen, die Hand auf Ihr Herz und stellen Sie sich vor, dass von diesem Zentrum aus ein angenehmes grünes Licht ausstrahlt. Versuchen Sie, immer mit Ihrem Herzen in Verbindung zu bleiben und beobachten Sie, was sich in Ihrem Gespräch verändert.

Generell muss gesagt werden, dass wirklich konstruktive Gesprächsführung nicht einfach ist und über einen längeren Zeitraum geübt werden muss. Das lohnt sich aber sehr – nicht nur im Umgang mit Partnern, sondern für das »ganze Leben«!

Ich empfehle Ihnen dazu Marshall Rosenbergs Buch *Gewaltfreie Kommunikation* (s. Literaturliste). Vielleicht haben Sie Lust, es gemeinsam mit Ihrem Partner zu lesen?

Konflikte lösen

Sowie zwei Menschen zusammen sind, treten unterschiedliche Bedürfnisse auf. Daraus entsteht immer ein mehr oder weniger großer Konflikt.

Menschen gehen unterschiedlich mit Konflikten um. Die einen lösen Konflikte durch Ignorieren. Sie tun einfach so, als wären die unterschiedlichen Bedürfnisse nicht da, und passen sich an. »Ich gebe immer nach!«

Andere, oft die Partner der Erstgenannten, lösen Konflikte durch Niedermachen. Sie bestimmen einfach mehr oder weniger subtil, was getan wird, und nehmen offen oder versteckt keine Rücksicht auf die Bedürfnisse des anderen. »Zuerst komme ich und ich bestimme!«

Konstruktiv ist stattdessen, Konflikte durch einen Kompromiss – jeder gibt ein bisschen nach – oder einen Konsens zu lösen. Beim Konsens reden die beiden so lange miteinander, bis sie übereinstimmen. Die folgende Übung hilft bei Konflikten aller Art. Auch sie gehört – wie die vorherige – zu den »Meisterübungen«, die einiges Training erfordern, sich dann aber als segensreich erweisen.

Spannungen verwandeln

Wenn Sie Spannungen verspüren, treten Sie innerlich einen Schritt zurück und fragen Sie sich:

- ★ Was braucht mein Partner jetzt, damit er sich besser fühlt?
- ★ Was kann ich tun, damit er sich besser fühlt?
- ★ Was brauche ich jetzt, damit ich mich besser fühle?
- ★ Was kann ich tun, damit ich mich besser fühle?

Auf welches grundsätzliche Problem weist uns der Konflikt hin?

Bitten Sie Ihre Intuition, Ihnen ein Bild, einen Gedanken oder ein Symbol zu geben, das die Lösung repräsentiert.

Ein Beispiel:

Lisa hatte sich heftig mit ihrem Mann gestritten. Es ging darum, dass er die kleine Tochter angeschrien hatte und wenig Einfühlungsvermögen zeigte.

Als Lisa ihre Intuition um ein Bild bat, erschien ihr ein liegendes Lamm auf einer grünen Wiese. Das machte ihr klar, dass es um Ruhe und Erholung ging. Ihr Mann war völlig überarbeitet und brauchte dringend eine Pause.

Anstatt ihm wie sonst immer Vorwürfe zu machen, lud sie ihn am folgenden Abend zu einem Gespräch ein und teilte ihm ihre Beobachtungen mit. Er war völlig verblüfft, nicht die vertrauten Anschuldigungen zu hören. Auf Lisas Vorschlag, ein Wochenende allein in den Bergen zu verbringen, wollte er jedoch nicht eingehen. »Dann habe ich viel zu viel Sehnsucht nach euch!«

Sie einigten sich darauf, dass er nach einem anstrengenden Arbeitstag erst einmal eine halbe Stunde in einem Park spazieren geht, bevor er nach Hause kommt.

Allein die Tatsache, dass seine Frau bereit ist, ihm einen Freiraum zu gönnen, hat ihn viel ruhiger gemacht.

Eine lebendige Gemeinschaft
Intuition in der Familie

Womit auch immer wir im Leben konfrontiert werden, welche Herausforderungen oder Hindernisse auch immer auftauchen, solange wir uns nach innen unserem Herzen zuwenden, anstatt zuzulassen, dass die äußeren Umstände uns überwältigen – dann werden wir geführt und beschützt, weil das der natürliche Plan ist.

SONIA CHOQUETTE

Kleine Kinder haben oft eine ausgeprägte Intuition. Das ist eigentlich kein Wunder, denn sie fangen erst an, ihren Verstand gebrauchen zu lernen, sind unvoreingenommen, spontan und offen. Außerdem leben sie ganz im Hier und Jetzt. Wenn Sie kleine Kinder haben, leben Sie mit großen Lehrern zusammen. Daher lohnt es sich immer, mit Kindern zu spielen oder sich mit ihnen zu unterhalten. Stellen Sie einmal – aus Experimentierfreude – Ihrem Kind eine Frage, die es nicht mit seinem Wissen beantworten kann. Sie werden manchmal staunen. Wichtig ist dabei, die Antworten Ihres Kindes nicht zu bewerten. Kritik oder Lob führen in so einem Fall nur zu Manipulation, denn natürlich macht ein Kind alles, um seinen Eltern zu gefallen. Außerdem sollten Sie Ihr Kind nie um Rat bei Angelegenheiten fragen, die es nichts angehen und überfordern. Das sind zum Beispiel Partnerschaftsprobleme oder eigene Ängste und Sorgen.

Eine nette Geschichte habe ich bei Laura Day in ihrem Buch *Mit PI zum Erfolg* gefunden.

Ein Freund von ihr rief sie an, weil er seine Brieftasche verloren hatte und auf Lauras hellsichtige Fähigkeiten vertraute. Als diese ihm jedoch nicht helfen konnte, fragte sie ihren kleinen, gerade spielenden Sohn. »Du, hör mal, Liebling, mein Freund hat seine Brieftasche verlegt. Wo könnte sie sein?« Er antwortete ohne aufzuschauen: »Auf dem Fußboden.« Tatsächlich fand sich die Brieftasche dann in der Außentasche einer auf dem Boden liegenden Aktentasche wieder an.

In der Familie kann man Intuition auf vielfältige Weise nutzen und üben. Sonia Choquette, die in einer Familie mit sieben Kindern und einer überaus intuitiven Mutter aufwuchs, zeigt in ihrem einfühlsamen Buch, wie man seinem Herzen folgen und jedem in der Familie die notwendige Anerkennung geben kann. Dadurch wird das ganze Familienleben harmonischer und reicher. Kinder und Erwachsene leiden heute oft unter Angstzuständen. Wenn wir unserer Intuition trauen, erfahren wir, dass wir niemals allein sind und immer Hilfe erhalten, wenn wir darum bitten. Dies kann Eltern und Kindern die notwendige Geborgenheit geben, nach der wir uns heute so sehr sehnen.

Der Kontakt zu unserer Intuition verbindet uns sowohl mit unserer eigenen Seele als auch mit der Seele des Universums. Durch diese Verbindung verlieren wir die Angst, allein zu sein und nicht zu genügen. So wird die Welt zu einem freundlichen Ort, an dem wir geführt werden und geborgen sind.

Der Intuition in der Familie einen Platz zu geben, fängt damit an, »ein heiliges Zuhause« zu schaffen, wie Sonia Choquette das nennt. Auch wenn sich das für Sie vielleicht etwas übertrieben anhört: gemeint ist damit nichts anders, als für gute Energie zu sorgen – mit oder ohne Feng-Shui-Berater. Jeder hat wohl schon einmal erlebt, wie wohltuend es ist, einen schön gestalteten und eben »stimmig« eingerichteten Raum zu betreten. Wir fühlen uns dort sofort wohl. Vielleicht gelingt es Ihren Kindern auch, mit Freude aufzuräumen, wenn Sie sie neugierig machen auf die gute Energie, die sich dann ausbreiten wird. Ganz sicher können Sie sich einen Kraftort schaffen, ein Plätzchen, das Sie mit Tüchern, Blumen, Steinen und vielleicht auch einem Zimmerbrunnen oder schönen Bildern gestalten und an dem Sie sich erholen können. Manchmal wirken solche Kraftorte ansteckend und positiv auf das Ordnungsempfinden Ihrer Mitbewohner.

Erzählen Sie sich morgens Ihre Träume. Hören Sie einander zu, ohne sich zu unterbrechen. Wirklich zuhören heißt, Gesagtes nicht verbessern, keine Lösungen anbieten, sondern achtsam zu lauschen. Kinder

empfangen spontane, intuitive Botschaften direkter als Erwachsene. Nehmen wir sie deshalb ernst! Erwachsene reden manchmal von kindlicher »Einbildung«. Aber jede Intuition entspringt der Einbildung und es lohnt sich, ihr Aufmerksamkeit zu schenken.

Intuition in der Familie beinhaltet, sich gute Gedanken zu schicken, füreinander zu beten, alle Gefühle zu äußern und anzuerkennen und Entspannungsübungen und Meditation zum Alltag werden zu lassen. Sie müssen deshalb nicht stundenlang auf dem Boden sitzen. Das Wesentliche ist Achtsamkeit und das bedeutet: ganz präsent im Hier und Jetzt zu sein. Hellwach – und gleichzeitig entspannt. Intuition ist die Folge klaren und genauen Beobachtens im Hier und Jetzt. Wenn diese genauen Beobachtungen dann in unserem Unbewussten integriert werden, sind genau sie es, die zu den Einsichten führen, die uns weiterhelfen, wenn wir uns in der Sackgasse fühlen.

Wenn wir jemandem wirklich »Aufmerksamkeit schenken«, sind wir mit allen Sinnen ganz bei ihm – und das wirkt sich auf jede Beziehung positiv aus. Volle Präsenz ist außerdem der beste Schutz gegen Unfälle aller Art. Wir lassen dann nicht nur die Milch nicht mehr überkochen, sondern erspüren auch intuitiv, wo Gefahren lauern und wann wir uns entspannt zurücklehnen können.

Die folgenden Übungen sind als Anregungen gedacht und können Ihnen helfen, Ihre ganz eigenen Familienrituale zu entwickeln.

Bitte um Schutz und Führung

Weihen Sie Ihre Kinder in die folgende Übung ein, wenn Sie sie selbst als hilfreich erleben.

Setzen Sie sich bequem hin und entspannen Sie sich. Machen Sie sich für einen Augenblick klar, was der Atem für ein Geschenk ist. Durch ihn werden wir Verbrauchtes los und können immer wieder frische Energie tanken ... Achten Sie für eine Weile auf das Geschenk des Atems ... Legen Sie dann die rechte Hand auf Ihr Herz und öffnen Sie die linke in einer bequemen Haltung nach oben. Bitten Sie dann die kosmische Weisheit, Gott, Christus oder das, woran Sie glauben, um Schutz und Führung ... Atmen Sie weiter und beenden Sie die Übung nach ungefähr zwanzig Minuten (lieber weniger als gar nichts), indem Sie die Hände und die Füße bewegen, sich recken und strecken und wieder ganz hier sind, erfrischt und wach.

Vivaldi gegen Stress

Wenn die Stimmung sehr aufgedreht ist oder ein Streit noch in der Luft hängt: Öffnen Sie die Fenster für eine Weile und legen Sie dann Musik von Pachelbel, Bach oder Vivaldi auf. Der Duft von Lavendel, römischer Kamille oder Mandarinen kann zusätzlich helfen, die Atmosphäre zu reinigen.

Bringen Sie sich selbst und Ihren Kindern folgende Entspannungsmethode bei:

Legen Sie eine Hand auf Ihr Herz und die andere über Ihren Bauchnabel.

Atmen Sie aus, bis keine Luft mehr kommt. Sprechen Sie dann innerlich beim Einatmen *Ich* und beim

Ausatmen *bin*. Drei bis fünf Atemzüge dieser Art reichen meist schon, um sich »herunterzufahren«.

Eine Freundin, die darunter litt, dass ihre beiden jugendlichen Kinder morgens ständig miteinander stritten, legt jetzt zum Frühstück Mozart auf und hat damit großen Erfolg.

Kartenspiele

Schreiben Sie die folgenden Begriffe auf Karteikarten gleicher Größe und Farbe.

Vielleicht macht es Ihnen auch Spaß, die Karten besonders zu gestalten. Von der Rückseite sollten sie jedoch alle gleich aussehen.

Alleinsein

Anerkennung

Annahme

Beherrschung

Berührung

Freiheit

Geborgenheit

Geduld

Gefühle

Gegensätze

Gespräch

Gewissen

Gewohnheiten

Großzügigkeit

Humor

Lust

Ordnung

Sehnsucht

Sorgfalt

Spiegel

Spiel

Träume

Übereinstimmung

Überraschung

Unterschiede

Unterstützung

Urteil

Verantwortung

Verbindlichkeit

Vereinbarungen

Vergebung

Wachsen

Wahrheit

Wünsche

Zeit

Ziele

Zuhören

Weitere Begriffe, die Ihnen persönlich wichtig sind, können dazukommen. Schaffen Sie sich einen großen Teller an, auf den Sie die Karten mit der Schrift nach unten legen.

Ziehen Sie nun jeden Morgen entweder jeder oder reihum eine Karte und reden Sie über den Begriff oder die Begriffe. Was verbinden Sie damit, was bedeutet er für Ihre Familie und Sie selbst? Stellen Sie die Karte auf den Esstisch und gehen Sie mit diesem Begriff in den Tag und tauschen Sie sich am Abend wieder darüber aus. Ist Ihnen etwas begegnet, was mit dem Begriff zu tun hat?

Ähnlich können Sie auch mit Sprüchen oder Affirmationen vorgehen. Erstellen Sie gemeinsam eine Sammlung Ihrer Lieblingssätze und schreiben Sie diese auf jeweils eine Karteikarte. Vielleicht haben Sie Lust, am Sonntag eine Kerze anzuzünden, sich um einen Tisch zu versammeln und jeder eine Karte zu ziehen, die Sie dann durch die Woche begleitet.

Achtsamer Hausputz

Wenn Sie Ihre Wohnung putzen oder Geschirr spülen, machen Sie es ab und zu im Stillen, ohne Radio oder Fernseher. Konzentrieren Sie sich ganz auf Ihre jeweilige Tätigkeit und versuchen Sie, dabei ganz im Hier und Jetzt zu bleiben. Wenn Ihre Gedanken abschweifen, holen Sie sie immer wieder zurück ins Jetzt.

Achten Sie auf die Pausen zwischen den Gedanken und bleiben Sie offen.

Ob Sie es glauben oder nicht – dies ist eine der wirkungsvollsten Übungen.

Wer bin ich?

Machen Sie ab und zu die folgende Übung mit der ganzen Familie. Falls Ihre Kinder oder Ihr Partner keine Lust dazu haben, können Sie diese Übung auch allein oder mit Teilen der Familie durchführen.

Legen Sie in die Mitte eines Raumes auf ein einfarbiges Tuch alle möglichen Gegenstände aus Ihrem Haushalt, es können auch Topfpflanzen und Kinderspielzeug sein. Die Anzahl der Gegenstände sollte mindestens doppelt so groß sein wie die Zahl der teilnehmenden Personen. Nach oben gibt es keine Grenze.

Setzen Sie sich im Kreis um die Gegenstände und betrachten Sie diese in der Stille ausführlich. Lassen Sie sich hierfür Zeit. Dann wählt jeder einen Gegenstand aus. Sollten zwei denselben wählen, schadet das nichts.

Erzählen Sie sich nun reihum im Kreis, warum Sie diesen Gegenstand gewählt haben, was Sie mit ihm verbinden und was er mit Ihnen zu tun hat und was Sie sonst noch über sich mitteilen wollen.

Das »Ich-frage-mich«-Spiel

Wenn es an der Haustür klingelt, können Sie ein einfaches Spiel beginnen: »Ich frage mich, wer jetzt zu uns kommt? Habt Ihr eine Ahnung?« Verharren Sie einen Moment in der Stille und sprechen Sie jeder eine Vermutung aus. Dieses Spiel macht Spaß und kann in vielen Situationen und mit Kindern jeden Alters angewandt werden.

»Ich frage mich, ob mein Lehrer heute gut drauf ist«, »Ich frage mich, was es zu Mittag gibt«, »Ich frage mich, ob wir in einen Stau geraten«, »Ich frage mich, wer gerade anruft« ...

Wichtig ist dabei, dass man bei diesem Spiel keine Fehler machen kann. Falls Sie falsch liegen, sagen Sie einfach: »Ach so!« oder »Aha!« Schließlich soll das Spiel ja Freude machen.

Pinnwand für tolle Ideen

Hängen Sie in Küche, Esszimmer oder Flur eine Pinnwand, die dazu dient, tolle Ideen festzuhalten. Jeder, der etwas beizutragen hat, schreibt seine Idee auf, malt ein Bild dazu oder schneidet etwas Entsprechendes aus. Diese Pinnwand dient dazu, einander Inspirationen, Vorhaben, Gefühle oder glänzende Ideen mitzuteilen. Nach gemeinsamen Mahlzeiten oder zu einem festen Zeitpunkt können diese dann gewürdigt und auf Umsetzung überprüft werden.

Nach Lösungen angeln

Vielleicht kennen Sie das beliebte Kinderspiel, bei dem man an Stöckchen Fäden bindet und an das untere Ende einen kleinen Magneten – erhältlich in Spielwarengeschäften – knotet. Aus einem Eimer oder Karton mit hohem Rand können Kinder und Erwachsene jetzt blind Fische angeln, die Sie auf Papier aufgemalt und mit einer Büroklammer oder einem aufgeklebten Cent oder einem anderen Metallteil versehen haben. Wenn Sie jetzt anstelle der Fische Zettel mit hilfreichen Worten, Sätzen oder Sprüchen schreiben, kann Ihre Intuition Ihnen helfen, Lösungen zu angeln, die vielleicht nicht sofort verständlich, aber doch langfristig hilfreich sein können. Schreiben Sie z.B. Humor auf einen der Zettel, landen Sie immer einen Treffer.

Wirkungsvoll ist jedoch auch die Idee, das Spiel im Geiste durchzuführen. Sagen Sie Ihren Kindern, wenn diese ein Problem haben: »Wirf deine Angelschnur ins Universum! Gott gibt uns Probleme, damit wir Einfallsreichtum und Zufriedenheit genießen können, wenn wir die Lösung finden. Wir finden sie, wenn wir uns wie beim Angeln entspannen ... irgendwann wird es an unserer Achtsamkeit rucken – und dann können wir die Lösung einholen wie einen Fisch aus dem Wasser.«

Probleme und Lösungen gehören zusammen wie Magnet und Metall. Das eine wird vom anderen angezogen und wie beim Angeln gibt es auch immer mehr Lösungen als Probleme bzw. mehr Fische als Schnüre.

Wunschschachtel

Sammeln Sie Schachteln oder kleine Kartons, Schokoladenpapier, Federn, Muscheln, Fotos, die Ihnen gefallen, und andere hübsche Materialien, die zu Ihrem Vorhaben passen, die Schachtel so schön wie irgend moglich zu gestalten.

Versammeln Sie sich um einen Tisch und erklären Sie Ihren Lieben, um was es geht. Man könnte diese Schachtel nämlich auch als Wunderbox oder Engelskarton bezeichnen: Wir dürfen Wünsche oder Gebete hineinlegen und sie dann Gott anvertrauen.

Dieses Ritual vermittelt Geborgenheit und eignet sich auch gut für einen Silvesterabend. Ein Jahr später wird dann nachgeschaut, was aus den Wünschen geworden ist.

Sorgen vertreiben

Im Zusammenleben mit Kindern gibt es immer wieder Situationen, in denen wir uns Sorgen machen. Die folgende Übung verhilft uns zu mehr Sicherheit oder gibt uns nützliche Handlungsimpulse:

Konzentrieren Sie sich auf Ihr Herz und denken Sie an Ihr Kind. Stellen Sie es sich vor, nennen Sie seinen Namen und bitten Sie seinen Engel, es mit dem Licht liebevollen Schutzes zu umgeben. Schicken Sie Ihrem Kind Liebe und nehmen Sie mit Ihrem inneren Auge wahr, dass es sicher und geborgen ist.

Sollten Sie jetzt irgendwelche Alarmsignale wahrnehmen, handeln Sie so, wie Ihre innere Stimme es Ihnen rät.

Auf den Körper hören
Intuition und Gesundheit

> Die Sucht führt uns immer wieder auf eine vertraute Straße, von der wir wissen, dass dort nur Frustration und Schmerz auf uns warten. Die Intuition dagegen zeigt uns neue Wege, auf denen wir zu größerer Zufriedenheit und Erfüllung gelangen können.
>
> SHAKTI GAWAIN

Unser Körper gibt uns täglich Botschaften, die wir beachten sollten. Anstatt zu rauchen oder Kaffee zu trinken, wenn wir Müdigkeit spüren, ist es sinnvoller, eine kurze Pause einzulegen und uns auszuruhen. Ich weiß, wie schwer das ist. Wer seine Körpersignale jedoch dauernd überhört, wird krank.

Die folgende einfache Übung können Sie täglich für Ihre Gesundheit durchführen:

Den Körper betragen

Setzen oder legen Sie sich in eine bequeme Position. Spüren Sie, wie Ihr Atem kommt und geht, ganz von allein ... Nehmen Sie wahr, wo Ihr Körper vom Atem bewegt wird ... Fragen Sie Ihren Körper: »Was willst du mir sagen?« ... Nehmen Sie alles wahr, was kommt, und beenden Sie die Übung nach einer Weile, indem Sie

Hände und Füße bewegen, sich recken und strecken und wieder ganz da sind.

Ernährung

Wenn Sie ausschließlich naturbelassene Nahrungsmittel im Haus haben, können Sie in Sachen Ernährung nicht viel falsch machen. Naturbelassen bedeutet so, wie es die Natur für uns vorgesehen hat, also: Obst, Gemüse, Getreide, Milch, Eier und alles, was ohne Zusatzstoffe wie Emulgatoren, Stabilisatoren oder Konservierungsmittel aus diesen Produkten hergestellt wird. Wenn Sie kleine Kinder im Haus haben, die mit den üblichen Süßigkeiten noch nicht in Berührung gekommen sind, können Sie sich auf deren Intuition in Sachen Ernährung verlassen: Sie werden immer das verlangen und genießen, was sie brauchen. Sie selbst brauchen dann nichts anderes zu tun, als täglich auch in sich hineinzuspüren, auf was Sie Appetit haben. Diäten oder Abmagerungskuren werden überflüssig und Ihre Gesundheit wird es Ihnen danken.

Sollten Sie zu den Menschen gehören, die gern den vollen Kühlschrank öffnen und hineinstarren, um sich selbst zu fragen: Was nehme ich denn jetzt?, hilft Ihnen die folgende Übung wahrscheinlich, etwas achtsamer zu werden:

Fragen Sie sich, *bevor* Sie die Küche betreten: Auf was habe ich gerade Appetit?

Spüren Sie gründlich in sich hinein: Ist es etwas Süßes oder etwas Saures? Etwas Pikantes oder etwas Frisches? Sollte das Essen hart, körnig, cremig oder weich sein? Fragen Sie sich, nachdem Sie eine Antwort erhalten haben: Warum habe ich gerade jetzt Appetit auf etwas Süßes? Was hat es mit meiner Lebenssituation zu tun? Wie ist meine derzeitige Befindlichkeit und wie kann mir Süßes dabei helfen? Könnte ich das, was ich an Süßem brauche, auch auf anderem Weg erhalten? Wenn ja – wie?

Seien Sie unbesorgt: Ihre Intuition führt Sie auf die richtige Spur.

Einige Beispiele:

Ein vierzehnjähriges Mädchen klagte über brüchige Fingernägel. Ihre Mutter empfahl ihr Silicea, vergaß jedoch immer wieder, es aus dem Reformhaus zu besorgen.

Gleichzeitig bat die Tochter ihre Mutter, ihr Hirsebratlinge zu machen, und erklärte dieses Gericht zu ihrem neuen Lieblingsessen. Später fanden beide heraus, dass Hirse sehr viel Silicea enthält.

Mein Vater hat zeitlebens und ohne besonderen Anlass eine bestimmte Diät eingehalten. Er aß keinen Zucker, nur bestimmte Öle mit hohem Anteil ungesättigter Fettsäuren, kein Schweinefleisch, keine Butter und sehr viel rohes Obst und Gemüse. Obwohl er nicht wusste, dass er herzkrank war, hat er intuitiv das Richtige gegessen und wurde so 75 Jahre alt.

Ihre eigene, sehr beeindruckende Geschichte schreibt Anita Martiny in ihrem Buch *Der sechste Sinn*. Als sie Mitte zwanzig war, hatte sie viel Stress und war unzufrieden mit der Art, in der sie lebte. Sie wollte bei ihrem Freund ausziehen, musste aber noch ihr Studium abschließen und hatte kein Geld für einen Umzug. Nach einer Weile begann sie sich auch körperlich schlecht zu fühlen. Obwohl sie mit dem Rauchen aufhörte, sich gesund ernährte und viel spazieren ging, fühlte sie sich nicht besser. Sie bekam starke Herzrhythmusstörungen, fühlte sich schwindelig und kippte mehrfach um. Ein Notarzt diagnostizierte extrem niedrigen Blutdruck. Sie musste einen Kardiologen konsultieren. Dieser war sehr erstaunt über die Symptome, die man kaum bei so jungen Menschen, sondern eher bei Frauen in den Wechseljahren findet. Er verschrieb ihr starke Medikamente, die selbst ihren Apotheker entsetzten. Gleichzeitig sagte eine innere Stimme in ihr, sie sei nicht krank und dies sei nicht ihr Problem.

Zu Hause legte sie sich mit einem Kissenstapel, der sie vor dem befürchteten Erstickungstod retten sollte, ins Bett und fragte sich: »Was ist los?«

Sie schreibt: »Zum ersten Mal meldete sich meine Intuition, mein sechster Sinn. Ich hatte mich nie wirklich damit beschäftigt, doch an diesem Nachmittag änderte sich alles. Meine Frage ›Was ist bloß los mit dir?‹ verschwand, und eine kämpferische Kraft stieg in mir auf, die in tiefe Überzeugung umschlug: Ich war nicht wirklich krank! Und ich musste ab sofort alles selbst in die Hand nehmen. Ich würde die starken Medikamente nicht nehmen! Ich würde das selbst lösen. Diese Gedanken kamen nicht wirklich aus meinem Bewusstsein. Wie kraftvolle starke Wellen fluteten sie wie fast von außen in mich hinein. Was konnte ich also selbst tun? Was war die Lösung?

Plötzlich sah ich vor meinem inneren Auge – damals wusste ich noch nicht, dass ich so etwas hatte – ein kleines silbernes Buch, auf dem in schwarzer Schrift ›Za-Zen‹ stand ... Ich durchwühlte mein Bücherregal. Richtig! Da stand das Buch!«

Die Autorin liest darin und begreift zunächst nur, dass die Atmung das A und O des inneren Gleichgewichts ist. Sie probiert daraufhin die im Buch beschriebene ruhige Atmung mit gleich langen Pausen beim Ein- und Ausatmen aus. Es gelingt zunächst nicht, da sie innerlich sehr unruhig ist. Mit ihrem starken Willen bezwingt sie sich schließlich und schläft zum ersten Mal wieder zehn Stunden durch. Nachdem sie dann regelmäßig Atemübungen machte, verschwanden die Herzrhythmusstörungen vollständig und inzwischen haben ihr Ärzte ein vollständig gesundes Herz bestätigt.

Reise durch den ganzen Körper

Die folgende Übung ist täglich sinnvoll und auch eine gute Einschlafhilfe.

Legen Sie sich entspannt auf den Rücken. Fangen Sie an, auf den Atem zu achten, wie er kommt und geht, ganz von allein ...

Richten Sie dann Ihre Achtsamkeit auf Ihre linken Zehen, spüren Sie alles, was es da zu spüren gibt, und atmen Sie einfach hinein ... Und nun achten Sie auf Ihre linke Fußsohle ... Nehmen Sie alles wahr und atmen Sie hinein ... und die linke Ferse ... Richten Sie dann Ihre Aufmerksamkeit auf den linken Unterschenkel ... Wie liegt er am Boden auf? ... Was fühlen Sie da? ... Und hineinatmen ... Das linke Knie ... Der linke Oberschenkel ... Nehmen Sie alles wahr, bewerten Sie nichts ... Und nun richten Sie Ihre Achtsamkeit auf die rechten Zehen ... Fühlen Sie alles, was es da zu fühlen gibt, und atmen Sie einfach hinein ... Die rechte Fußsohle ... Die rechte Ferse ... Wie liegt der rechte Unterschenkel am Boden? ... Was fühlen Sie da? ... Das rechte Knie ... Der rechte Oberschenkel ... Und während Sie weiteratmen, richten Sie Ihre Achtsamkeit auf das Becken ... Wie liegt es am Boden? ... Die Bauchdecke ... Nehmen Sie alles wahr, was Sie dort spüren ... Und atmen Sie einfach hinein ... Nun richten Sie Ihre Achtsamkeit auf den Rücken ... Den Kontakt zum Boden ... Die Brust ... Nehmen Sie Ihre Schultern wahr und atmen Sie hinein ... Und beim nächsten Ausatmen lassen Sie den Atem durch beide Arme fließen, sodass er an den Fingerspitzen wieder austritt ... Und den Hals ... Fühlen Sie alles, was es da zu fühlen gibt, und atmen Sie einfach hinein ... Und der Kopf ... Der Kontakt zum Boden ... Lassen Sie den Mund weich sein ... Und die Stirn ... Spüren Sie alles, was es da zu spüren gibt, und atmen Sie einfach hinein ... Stellen Sie sich jetzt vor, Sie hätten auf dem Kopf in Scheitelhöhe ein Loch, durch das die Luft beim Einatmen strömt wie die Fontäne bei einem Wal ... Und lassen Sie die Luft beim Ausatmen durch die Zehenspitzen fließen ... sodass sich der Körper früher oder später anfühlt wie eine Röhre, durch die der Atem fließt ... Und Sie können sich den Atem als weißes Licht vorstellen, sodass Sie früher oder später eingehüllt werden in eine Kugel aus weißem Licht ... Sie liegen sicher und geborgen in dieser Kugel ... und wenn Sie dort genug Kraft getankt haben, kommen Sie zurück in den Raum, indem Sie Hände und Füße bewegen, sich recken und strecken und wieder ganz da sind, erfrischt und wach.

Schutz und Führung
Hilfe in allen Lebenslagen

Zu den kraftvollsten Dingen, die man hin und wieder tun kann, zählt Nichtstun

DR. TRENTON TULLY

Innehalten

Halten Sie mehrmals am Tag inne und nehmen Sie bewusst alles um Sie herum wahr. Seien Sie achtsam, indem Sie sich still hinsetzen, hinstellen oder auch hinlegen und nichts weiter tun als alles, was jetzt, in diesem Augenblick geschieht, was Sie denken, fühlen und was Ihnen durch den Kopf geht, ganz wach und bewusst wahrnehmen.

Mit Sicherheit werden Sie Hinweise auf das erhalten, was jetzt gerade wichtig und nützlich für Sie oder eines Ihrer Familienmitglieder, Haustiere oder Pflanzen ist.

Dankbarkeit

Versammeln Sie sich regelmäßig – zum Beispiel einmal im Monat – mit allen Familienmitgliedern um einen Kreis, den Sie mit einem einfarbigen Tuch oder Papier auf den Boden legen. Stellen Sie eine brennende Kerze in einer Farbe, die Sie als passend empfinden, in die Mitte. Sie können das in Ihrem Wohnzimmer oder auch draußen – mit einem Windlicht – durchführen. Teilen Sie Ihrer Familie mit, dass es darum geht, Dankbarkeit auszudrücken. Jeder soll spüren, wofür er dankbar ist und dann draußen oder drinnen einen Gegenstand suchen, der diese Dankbarkeit symbolisiert. Schwärmen Sie in alle Himmelsrichtungen aus und lassen Sie sich zu einem passenden Gegenstand führen.

Legen Sie diesen in das Mandala, das auf diese Weise entsteht.

Stellen Sie sich anschließend still um das Mandala und lassen Sie es auf sich wirken.

Sie können – müssen aber nicht – sich anschließend noch darüber austauschen, warum Sie was gelegt haben und wofür Sie dankbar sind. Spüren Sie nach, welche Form besser zu Ihnen passt.

Ich bin

Diese Übung können Sie allein, mit Ihrem Partner oder auch mit Kindern machen, die schon schreiben können:

Entspannen Sie sich.

Schauen Sie aus dem Fenster.

Schreiben Sie ohne nachzudenken so viele Sätze wie möglich, die alle mit *Ich bin …* anfangen.

Wenn Sie anfangen, nachzudenken oder zu zögern, brechen Sie ab.

Lesen Sie sich anschließend Ihre Texte vor.

Sie kommen sich auf diese Weise näher.

Problemlösen

Auch diese Übung können Sie allein, mit Ihrem Partner oder mit der ganzen Familie durchführen:

Nehmen Sie für jeden einen Zeichenblock von mindestens DIN A3 Format.

Schreiben Sie in die Mitte mit Filz- oder Wachsstift Ihr Problem und umranden Sie es in einer Farbe, die dazu passt. Schreiben Sie jetzt ohne nachzudenken alles, was Ihnen spontan zu dem Begriff einfällt, auf das Blatt. Sie können dabei verschiedene Farben und Symbole benutzen.

Brechen Sie ab, wenn Ihnen nichts mehr einfällt. Vergleichen Sie Ihre Blätter und entnehmen Sie daraus Hinweise für Lösungen des Problems.

Schaukeln und schweben

Eine Schaukel in einem Baum oder eine zwischen zwei Bäumen befestigte Hängematte ist ein wunderbarer Platz, um die eigene Intuition zu spüren. Setzen Sie sich oder andere Familienmitglieder einfach mehrmals am Tag für ein paar Minuten hinein und tun Sie nichts, als ganz im Hier und Jetzt zu fliegen und zu schweben. Sie werden selbst entdecken, wie gut das wirkt.

Lebensfragen

Schreiben Sie Fragen in Bezug auf Ihre Familie auf neutrale, gleich große Zettel und stecken Sie jede Frage in einen Briefumschlag, sodass Sie hinterher nicht mehr wissen, welche Frage sich in welchem Umschlag befindet.

Nehmen Sie eine entspannte Haltung ein und einen beliebigen Umschlag zwischen Ihre Handflächen. Fangen Sie an, auf Ihren Atem zu achten ... Nehmen Sie wahr, was Sie riechen, hören, schmecken, sehen und sich vorstellen ... Schreiben Sie das auf oder sprechen Sie auf Band ... Was fühlen Sie im Moment und welche Erinnerungen steigen in Ihnen auf?

Stellen Sie sich vor, dass Sie an einem anderen Ort sind. Wo befinden Sie sich? Was tun Sie? Was geschieht um Sie herum? Schreiben Sie so detailliert wie möglich all Ihre Wahrnehmungen auf. Versehen Sie den Text dann mit Datum und einer Eins, genau wie den Briefumschlag. Verfahren Sie so mit allen Umschlägen und nummerieren Sie sie fortlaufend. (Sie können das so lange machen, wie Sie genügend Aufmerksamkeit und Wachheit für Ihre Wahrnehmungen haben. Sie können aber zwischendurch auch jederzeit beliebig lange Pausen einlegen.) Sie erhalten so Hinweise und Antworten auf alle Ihre Fragen. Wenn Sie die Übung beendet haben, vergleichen Sie jede Frage mit der Antwort und versuchen Sie, aus Ihrer Intuition und jetzt auch mithilfe Ihres Verstandes die Frage zu beantworten.

Märchen helfen

Die folgende Übung eignet sich für Familien mit zwei und mehr Kindern ab zehn Jahren oder für eine Gruppe beliebiger Größe.

Jeder schreibt eine Frage auf, die ihm wichtig ist. Diese Frage behält er für sich. Sie wird nicht veröffentlicht.

Wählen Sie ein Märchen aus, das Sie als Kind besonders mochten. Schreiben Sie so viele Rollen, wie Personen teilnehmen, auf einzelne Zettel. Angenommen,

Sie haben drei Kinder und sind als Eltern zu zweit: Königin, Jäger, Schneewittchen, Sieben Zwerge, Königssohn. Die Zettel mit den aufgeschriebenen Rollen werden gefaltet und gemischt. Jetzt zieht jeder eine Rolle. Nun wird das Märchen vorgelesen. Anschließend vertieft sich jeder in seine Rolle und wird ganz zu der Person des Märchens. Reihum darf jetzt jeder fragen: König, was hast du mir auf meine Frage zu antworten? Schneewittchen, kannst du mir bei der Beantwortung meiner Frage helfen?

Die Märchenpersonen antworten intuitiv – ohne die Frage zu kennen. Und Sie werden erstaunt sein, wie hilfreich die Antworten sind!

Ein Beispiel:

Annette hatte die Frage notiert, ob sie umziehen sollte. Als Märchen wurde das »Singende springende Löweneckerchen« der Gebrüder Grimm gewählt, die Gruppe bestand aus Kindern und Erwachsenen. Das Kind, das die Rolle der Sonne gewählt hatte, sagte – ohne die Frage zu kennen: »Am Tag kann ich überall hinscheinen, aber nachts musst du dir jemand anders zu Hilfe holen.« Der Mond antwortete: »Es geschieht das Richtige zur richtigen Zeit. Es wird das geboren, was geboren werden will.« Diese und weitere Antworten deutete Annette so, dass sie nichts weiter unternehmen sollte, einfach nur abwarten.

Als sie später an einem sonnigen Tag einen Spaziergang machte, traf sie vor einem leer stehenden Haus auf einen älteren Herrn, der ihr Hinweise auf den Besitzer geben konnte. Wenig später konnte sie in dieses Haus einziehen.

Probleme mit Kindern, dem Partner oder Kollegen

Wenn wir ein Problem mit jemand haben, richten wir normalerweise unsere gesamte Aufmerksamkeit auf das Problem. Wir sind regelrecht hypnotisiert von ihm. Wenn uns der Verstand keine Antwort gibt, ist es sinnvoll, sich ganz bewusst auf die guten Seiten dieses Menschen zu konzentrieren, auf seine Stärken und Fähigkeiten.

Lassen Sie dann das Problem los, indem Sie sich vorstellen, es in einen rosa Luftballon hineinzupusten und es dem Universum zu übergeben.

Werden Sie nun innerlich still. Entspannen Sie sich. Bitten Sie innerlich um Schutz und Führung und atmen Sie weiter, ohne etwas zu erwarten. Atmen Sie alle Gedanken und Sorgen einfach aus. Verharren Sie so mindestens zwanzig Minuten.

Üben Sie so jeden Tag, bis Sie eine Lösung gefunden haben und wissen, was die Person braucht und womit Sie ihr helfen oder das Problem lösen können.

Gespräch mit Zimmerpflanzen

Nehmen Sie so oft es Ihnen möglich ist Kontakt zu Ihren Pflanzen auf. Pflanzen, die gut gepflegt werden, bringen Liebe und positive Energie ins Haus, beseitigen Schadstoffe und sorgen für eine schöne Atmosphäre.

Sprechen oder denken Sie zum Beispiel: »Guten Morgen, du Schöne, geht es dir heute gut? Ich finde dich ganz bezaubernd. Danke, dass du für uns da bist. Melde dich, wenn dir etwas fehlt.«

Auf diese Weise gedeihen Ihre Pflanzen nicht nur besser, Sie werden auch lernen, mit Ihnen zu kommunizieren.

Träume

Unsere Träume geben uns wertvolle Hinweise darauf, an welchem Punkt wir im Leben stehen, mit was wir uns innerlich beschäftigen und was uns unser Unbewusstes mitteilen möchte. Es ist daher sinnvoll, sich gegenseitig Träume zu erzählen und die eigenen Träume aufzuschreiben.

Träume haben eine Bildersprache, die wir nicht nach einem Schema deuten können. Wir sollten uns stattdessen fragen, was ein bestimmtes Symbol für uns selbst bedeutet, oder Familienmitglieder und Freunde bitten, uns zu helfen, einen Traum zu entschlüsseln. Mit dem Begriff oder Bild »Alter Mann« wird jeder von Ihnen etwas ganz Eigenes verbinden. Auch dürfen wir Träume nicht wörtlich nehmen. Von Hebammen wissen wir zum Beispiel, dass gerade Frauen, die von einer schweren Geburt träumen, oft eine leichte Geburt haben, weil sich ihr Unterbewusstsein und ihr Körper auf alle Gefahren einstellt und intuitiv alles »richtig« macht.

Ich hatte einmal einen schrecklichen Traum, in dem ich meinen Sohn ertrinken sah. Das machte mir Angst. Später deutete ich den Traum jedoch so, dass ich mir einerseits Sorgen machte, dass er noch nicht so gut schwimmen konnte. Dagegen konnte ich etwas unternehmen. Zum anderen wies mich der Traum auf die besondere Sensibilität und die tiefen Gefühle meines Sohnes hin und ich achtete im Alltag verstärkt darauf, das zu berücksichtigen.

Es lohnt sich immer, Träume aufzuschreiben. Nur so werden Sie auch im Nachhinein feststellen können, ob Sie ein Traum gewarnt hat oder zukünftige Ereignisse vorhersagte (vgl. auch S. 26).

Mantra

Suchen Sie sich ein Wort, das Ihnen jetzt hilfreich erscheint. Schreiben Sie damit in Ihrer Lieblingsfarbe und ohne Unterbrechung eine ganze Zeichenblockseite voll.

Geisthelfer

Stellen Sie sich eine mythische Person vor, die Ihnen helfen kann. Malen Sie ein Bild von ihr. Dieser Seelenbegleiter wird Ihnen hilfreich zur Seite stehen, wenn Sie ihn darum bitten.

Den eigenen Weg finden

Suche nach der Lebensaufgabe

Haben Sie schon einmal die Erfahrung gemacht, irgendetwas im Haus zu erledigen, dann in ein anderes Zimmer zu gehen und festzustellen, dass Sie vergessen haben, was Sie dort eigentlich wollten?
Das ist es, was mit uns geschieht, wenn wir geboren werden.

CAROL ADRIENNE

Als kleine Kinder wissen wir manchmal ganz genau, was wir werden wollen.

Wir spüren unsere Lebensaufgabe oder zumindest die Richtung, in die es uns zieht. Später, wenn wir beurteilt und verurteilt werden, wenn wir von anderen hören, was wir angeblich nicht können, was nicht gut für uns ist und was man nicht tut, vergessen wir in der Regel unseren ursprünglichen Wunsch.

Rationale Kriterien wie »Dieser Beruf ist aussichtsreich« oder »Mit künstlerischen Fähigkeiten kann man kein Geld verdienen« treten in den Vordergrund und so mancher Traum wird verschüttet, weil wir den Aussagen anderer mehr trauen als unserem eigenen Gefühl.

Es muss nicht unbedingt verkehrt sein, wenn Sie erst mal Jura studieren, weil Ihr Vater das so wollte, oder eine Banklehre abschließen, weil es vernünftig erschien. Haben Sie jedoch irgendwann in Ihrem Leben das Gefühl, auf der Suche nach Ihrer Lebensaufgabe zu sein und eigentlich etwas ganz anderes zu wollen, als Sie im Moment tun, kann Ihnen Ihre Intuition von großem Nutzen sein.

Die folgenden Übungen helfen, dem Sinn des Lebens auf die Spur zu kommen und verschüttete Wünsche zu entdecken.

Offen für Zufälle

Beschließen Sie heute, in den folgenden sieben Tagen auf »merkwürdige Zufälle« zu achten. Notieren Sie ab heute in einem Heft, welche Menschen Sie »zufällig« anrufen, welche Bücher Ihnen »zufällig« auffallen, welche Einladungen Sie »zufällig« erreichen, welche Gesprächsthemen oder Filme Ihnen begegnen und welche Menschen Ihnen was mitteilen. Was fällt Ihnen bei einem Spaziergang ins Auge und welcher Gegenstand zieht Sie besonders an? Schreiben Sie Ihre nächtlichen Träume auf, aber notieren Sie auch spontane Gedanken, die Ihnen gleich nach dem Aufwachen durch den Kopf schießen. Sagen Sie jeden Morgen zu sich selbst, dass Sie offen und bereit sind, heute auf Zeichen zu achten. Stellen Sie sich vor, dass alles und jedes, was Ihnen in den nächsten sieben Tagen begegnet, bedeutsam für Ihre Lebensaufgabe ist.

Lesen Sie sich Ihre Notizen nach sieben Tagen aufmerksam durch und ziehen Sie Ihr persönliches Resümee.

Auf der Spur der Lebensfreude

Nehmen Sie sich eine Stunde ungestörte Zeit an einem ruhigen, schönen Ort.

Verbannen Sie alle Ablenkungen aus Ihrem Gesichtsfeld und nehmen Sie eine entspannte Haltung ein. Schließen Sie die Augen oder richten Ihren Blick auf einen festen Punkt. Lassen Sie Ihr Leben an Ihrem inneren Auge vorbeiziehen, von heute an rückwärts. Wann haben Sie zuletzt pure Lebensfreude gespürt, wann waren Sie richtig glücklich? Was haben Sie in dieser Situation gemacht? Mit wem waren Sie zusammen? Mit was haben Sie sich beschäftigt?

Halten Sie alle diese glücklichen Augenblicke in Ihrem Leben innerlich fest, so als würden Sie ein Foto davon machen.

Wie viele Bilder enthält Ihre innere Fotoausstellung und was stellen die Bilder dar?

Bewerten Sie nichts. Machen Sie sich Skizzen der Bilder oder erstellen Sie eine Collage über das, was Sie Ihre Lebensfreude deutlich spüren lässt.

Tagträume

Schreiben Sie alle Tagträume auf, die Sie in Bezug auf Ihren beruflichen oder künstlerisch kreativen Werdegang haben. Die Realität spielt dabei keine Rolle – erträumen Sie sich, was Sie wollen, ohne Rücksicht auf Schulabschluss, Geld und sonstige Hürden. Schreiben Sie diese Fantasien in der Gegenwart auf, so, als würde es gerade geschehen ...

Wählen Sie dann den Tagtraum aus, der Ihnen am besten gefällt. Schneiden Sie dazu aus Broschüren, Zeitschriften oder anderem Informationsmaterial Fotos und Artikel aus und erstellen Sie eine Collage, die Sie an einem günstigen Platz aufhängen. Lassen Sie sich täglich von Ihrer Schöpfung inspirieren und planen Sie Schritte, wie Sie dem Ziel näher kommen können.

Sie können die Walt-Disney-Methode von S. 130 als Ergänzung benutzen.

Sammeln

Beschließen Sie für sich selbst, in den folgenden drei Tagen etwas zu sammeln – so, als hätten Sie sich ein neues Hobby zugelegt. Nehmen Sie die Sache nicht zu ernst, es ist ja nur ein Spiel. Was würden Sie gern sammeln? Steine? Blätter? Blüten? Briefmarken? Fotos von Kindern? Sprüche, die Ihnen auffallen? Landschaftsaufnahmen? Kunstpostkarten? Flaschenetiketten? Kronkorken? Federn? Baumrinde? Muscheln? Farben? Figuren? Schneckenhäuser? Stoffreste? Flaschen? Ableger von Pflanzen? Zu was haben Sie Lust?

Falls Sie überhaupt keine Idee bekommen, gehen Sie einfach spazieren und sammeln das, was Ihnen als Erstes auffällt und nichts kostet.

Betrachten Sie sich Ihre Sammlung nach drei Tagen. Vielleicht möchten Sie sich davon verabschieden, vielleicht haben Sie auch Lust, etwas damit zu gestalten.

Dreimal Drei

Nehmen Sie sich eine halbe Stunde ungestörter Zeit.

Legen Sie einen DIN A4-Block mit Stift in Reichweite oder benutzen Sie einen Kassettenrekorder, um die folgenden Fragen mündlich zu beantworten und aufzunehmen.

Entspannen Sie sich.

- ⋆ Welche drei Märchen oder Geschichten fallen Ihnen spontan ein?
- ⋆ Schreiben Sie die Titel auf oder sprechen Sie sie auf Kassette.
- ⋆ An welche Einzelheiten aus diesen Geschichten oder Märchen erinnern Sie sich?
- ⋆ Schreiben Sie die auch auf.
- ⋆ Nennen Sie drei Tätigkeiten, die Sie jetzt gern tun würden, wenn Sie alles könnten und Geld keine Rolle spielte.
- ⋆ Notieren Sie diese oder sprechen Sie sie auf Ihre Kassette.
- ⋆ Notieren oder sprechen Sie drei Wörter, die Ihnen spontan einfallen.

Setzen Sie sich anschließend oder zu einem späteren entspannten Zeitpunkt mit einem Diktiergerät, Kassettenrekorder mit Mikrofon oder notfalls auch nur einem Schreibblock in die freie Natur oder in Ihren Lieblingsraum.

Machen Sie es sich bequem und schauen Sie in eine Richtung, ohne den Kopf zu bewegen. Entspannen Sie sich, indem Sie auf Ihren Atem achten und die Augen schließen. Öffnen Sie dann die Augen und beschreiben Sie alles, was Sie wahrnehmen. Nehmen Sie Ihre

Wahrnehmungen auf oder schreiben Sie sie ohne nachzudenken mit. Lesen Sie sich später das Ganze durch und fragen Sie sich:

- ★ Was sagen die Wahrnehmungen über meine Lebensaufgabe aus?
- ★ Was nehme ich besonders deutlich wahr?
- ★ Was reizt und lockt mich und wem oder was schenke ich keine Beachtung?

Mein Weg

Nehmen Sie sich Zeit für ein Bild, das auf einem weißen Blatt, mindestens DIN A3, entstehen soll.

Legen Sie sich Wachsstifte, Pastellkreiden oder Tusche bereit und entspannen Sie sich. Zeichnen Sie dann ohne nachzudenken einen Weg in einer Landschaft.

Versehen Sie das Bild auf der Rückseite mit Datum und Überschrift und hängen Sie es sich an einen Ort, an dem Sie täglich mehrmals vorbeikommen.

Lassen Sie sich immer wieder von diesem Bild inspirieren und schreiben Sie alle aufkommenden Gefühle, Bilder und Gedanken in Ihr Intuitionstagebuch.

Träumer, Realist, Kritiker: Die Walt-Disney-Methode

Wenn Sie einen Plan haben, können Sie folgende Methode ausprobieren, die von Walt Disney stammt. Sie benötigen dafür eine Stunde ungestörter Zeit und einen Raum mit drei Stühlen.

Platzieren Sie die drei Stühle im Raum. Der erste Stuhl steht für den Träumer in Ihnen. Für die Frau, die eine Vision hat und viel Fantasie und Mut zum

Träumen. Überlegen Sie genau, wo Sie diesen Stuhl hinstellen und wohin Sie schauen wollen, wenn Sie träumen.

Der zweite Stuhl steht für die Realistin in Ihnen, die Ihre Träume auf eine reale Ebene bringt. Die Realistin rechnet, denkt und analysiert. Auch dieser Stuhl will wohl platziert sein.

Auf dem dritten Stuhl soll Ihre innere Kritikerin sitzen. Sie kritisiert die Pläne der Realistin und versucht, auf die wunden Punkte und offenen Fragen hinzuweisen. Auch sie braucht einen passenden Stuhl im Raum.

Bevor die eigentliche Arbeit losgeht, legen Sie sich noch in greifbare Nähe eines jeden Stuhles Papier und Stift oder Sie benutzen ein Diktiergerät.

Setzen Sie sich nun zuerst auf den Stuhl der Träumerin. Entspannen Sie sich und malen Sie sich Ihren Wunsch, Ihr Ziel, Ihren Traum in bunten Farben aus. Tun Sie so, als wäre alles schon wahr. Wie fühlt sich das an? Welche inneren Bilder steigen in Ihnen auf? Leben Sie ganz in Ihrem Traum und notieren Sie all Ihre Wahrnehmungen, Gefühle und inneren Bilder.

Wechseln Sie dann auf den Stuhl der Realistin. Wie können Sie Ihren Traum realisieren? Was brauchen Sie und wie können Sie es sich beschaffen? Welche Informationen fehlen und woher bekommen Sie diese? Nehmen Sie auch hier alles wahr und notieren Sie Gefühle, innere Bilder und Gedanken.

Wechseln Sie jetzt auf den Stuhl der Kritikerin. Kritisieren Sie aber nicht sich selbst, sondern lediglich die Punkte, die noch nicht voll ausgereift sind. Nehmen Sie Ihre Zweifel und Ängste wahr, die Sie zu Ihrem Traum haben. Notieren Sie wieder alle kritischen Bilder, Gedanken und Gefühle.

Und nun wechseln Sie wieder auf den Stuhl der Träumerin ...

Verfahren Sie so mindestens dreimal und wiederholen Sie diese Übung so oft, bis Sie die ersten Schritte Ihres Traumes in die Tat umsetzen können.

Innerlich und äußerlich

Besorgen Sie sich einen Schuhkarton. Machen Sie dann ein Kunstwerk daraus, indem Sie ihn innerlich und äußerlich gestalten. Sie können ihn bekleben, mit Figuren, Glitzer, Sternen, Fotos, Stoffen, Naturmaterialien, Fundsachen aller Art, vielleicht sogar Licht oder anderen Leuchtmaterialien ausstaffieren. Lassen Sie sich Zeit für dieses Vergnügen.

Wenn der Karton fertig ist, betrachten Sie ihn über mehrere Tage lang ausgiebig und immer wieder. Es ist

Ihr Kunstwerk! Lesen Sie erst weiter, wenn Sie dies getan haben.

Fragen Sie sich dann, was der Karton mit Ihrem Inneren und Ihrem Äußeren zu tun hat und schreiben Sie alles, was Ihnen dazu einfällt, in Ihr Intuitionstagebuch.

Sie können auch eine oder mehrere andere Personen Ihres Vertrauens bitten, ihre Einfälle zu diesem Karton mitzuteilen. Schreiben Sie alles auf und bewegen Sie es in Ihrem Herzen.

Lebensgestaltung

Schreiben Sie ohne nachzudenken Ergänzungen zu folgenden Sätzen auf. Sie können jeden Satz auch mehrfach ergänzen, so lange, bis Ihnen ohne nachzudenken nichts mehr einfällt.

- Ich weiß, es ist Zeit, zu ...
- Ich weiß, ich muss ...
- Es ist nicht gut für mich zu ...

Erfolg und Entscheidungen
Intuition im Beruf

Oft muss man sich einfach auf die eigene Intuition verlassen.

BILL GATES, GRÜNDER VON MICROSOFT

Soll ich mich beruflich verändern?

Schreiben Sie 21 Tage lang auf, was Sie gedanklich beschäftigt, wofür Sie sich interessieren, was Ihre Aufmerksamkeit erregt und Sie erfreut. Das können auch Bilder, Fotos, Zeitungsartikel oder Ähnliches sein, die Sie einkleben.

Gehen Sie anschließend das Ganze sorgfältig durch.

Inwieweit stimmen Ihre Interessen und Vorlieben mit Ihrem derzeitigen Beruf überein? Erhalten Sie Hinweise auf eine Veränderung? Ist diese Veränderung vielleicht auch innerhalb des Berufes möglich? Was will Ihnen Ihre Sammlung sonst noch sagen?

Was bedeutet mir mein Beruf?

Nehmen Sie Ihr Intuitionstagebuch zur Hand. Entspannen Sie sich, indem Sie anfangen, auf Ihren Atem zu achten und alle Gedanken auszuatmen ...

Lassen Sie dann ein Bild aus Ihrem derzeitigen Berufsalltag aufsteigen ...

Welche Gefühle, Bilder und Vorstellungen entstehen dadurch in Ihnen? Schreiben Sie dann in Ihr Intuitionstagebuch ohne nachzudenken Sätze, die wie folgt beginnen:

Wenn ich über meine berufliche Situation nachdenke, empfinde ich ...

Lesen Sie sich diese Sätze erst durch, wenn Ihnen ohne nachzudenken wirklich nichts mehr einfällt.

100 Sätze über Geld

Nehmen Sie Ihr Intuitionstagebuch und schreiben Sie ohne nachzudenken 100 Sätze über Geld auf. Lassen Sie sich überraschen, wie viele Sätze Ihnen spontan einfallen.

Lesen Sie sich anschließend die Sätze durch und finden Sie heraus, wie Sie wirklich zu Geld stehen und was Geld Ihnen im Zusammenhang mit Ihrem Beruf bedeutet.

Das innere Kind befragen

Entspannen Sie sich, indem Sie eine bequeme Haltung einnehmen und anfangen, auf Ihren Atem zu achten, wie er kommt und geht ... ganz von allein ...

Stellen Sie sich selbst als Kind vor, vielleicht indem Sie ein Foto aus Ihrer Kindheit zu Hilfe nehmen ... Sehen Sie sich selbst als Kind ... Stellen Sie sich vor, Sie betreten einen Spielzeugladen ... Wie ist der Besitzer des Ladens? ... Schauen Sie sich um, was es dort alles an Spielzeug gibt ... Gehen Sie von Regal zu Regal ... Welche Spielsachen sprechen Sie an? ... Was gefällt Ihnen? ... Was suchen Sie sich aus, wenn alles möglich ist und Geld keine Rolle spielt? ... Was würden Sie tun, um das Geschäft noch schöner zu machen? ... Hat das Geschäft einen Namen? ...

Schreiben Sie jetzt Ihre inneren Erlebnisse in Ihr Intuitionstagebuch.

Überprüfen Sie Ihre Aufzeichnungen mit Ihrem Wachbewusstsein. Finden Sie Hinweise auf Ihre Berufsziele oder auf die Art von Arbeit, die Ihnen liegt. Oder auf das, was Sie in Ihrem Berufsleben verändern müssen, um erfolgreicher zu sein.

Tendenz steigend?

Wenn Sie herausfinden wollen, ob Aktienkurse, Preise oder ganz einfach Möglichkeiten sich verbessern oder verschlechtern bzw. steigen oder fallen, probieren Sie die folgende Übung:

Entspannen Sie sich ... Fangen Sie an, auf Ihren Atem zu achten, wie er kommt und geht, ganz von allein ... Stellen Sie sich einen Apfel vor. Wie sieht er aus? Welche Farbe hat er? Ist er frisch oder alt? ... Achten Sie auf Beschaffenheit, Duft und alle Eigenschaften, die Sie an ihm wahrnehmen können ... Merken Sie sich den Apfel.

Stellen Sie sich dann einen zweiten Apfel vor. Achten Sie wieder auf alle Wahrnehmungen. Vergleichen Sie anschließend die beiden Äpfel. Ist der zweite Apfel größer, frischer oder auf irgendeine Art attraktiver als der erste, können Sie mit einer steigenden Tendenz rechnen.

Testen Sie Ihre Trefferquote, indem Sie z.B. die Goldpreise heute mit denen von morgen vergleichen. Sie finden sie in Ihrer Tageszeitung.

Zimmer-Übung

Für die folgende Übung wäre ein Diktiergerät sinnvoll, mit dem Sie Ihre Wahrnehmungen aufzeichnen. Oder Sie führen die Übung mit einer Freundin durch, die Sie durch die Übung führt und für Sie mitschreibt. Falls das alles nicht geht, schreiben Sie die Antworten einfach in entspanntem Zustand in Ihr Intuitionstagebuch.

Entspannen Sie sich, indem Sie sich bequem hinsetzen und früher oder später anfangen, auf Ihren Atem zu achten, wie er kommt und geht, ganz von allein ...

Stellen Sie sich dann vor, dass Sie sich in der Mitte eines Zimmers befinden ... Wie fühlen Sie sich dort? ... Woran denken Sie? ... Steigen bestimmte Erinnerungen auf? ... Was erhoffen Sie sich an diesem Ort? ...

Gibt es etwas, was Sie dort benötigen? ... Gibt es etwas, was Sie übrig haben? ...

Was befindet sich in dem Zimmer? ... Was fehlt? ... Gibt es etwas, was Sie verändern möchten? ... Nehmen Sie Geräusche, einen Duft oder einen Geschmack wahr? ... Gibt es im Zimmer etwas, das Fülle und Reichtum symbolisiert? ...

Nun stellen Sie sich vor, Sie verlassen das Zimmer ... Wie ist es dort? Was fühlen, sehen und hören Sie? ... Findet eine Begegnung statt? ... Haben Sie etwas im Zimmer zurückgelassen, was Sie jetzt gebrauchen können? ... Haben Sie etwas mit nach draußen genommen, was Sie jetzt nicht gebrauchen können? ...

Was nehmen Sie sonst noch wahr? ...

Kehren Sie nun in das Zimmer zurück ... Fällt es Ihnen schwer, dorthin zurückzukehren? ... Haben Sie eine Begegnung? ... Hat sich der Raum inzwischen verändert? ... Haben Sie sich verändert? ... Möchten Sie jetzt im Zimmer etwas verändern? ... Was könnten Sie tun, um sich wohler zu fühlen? ...

Kehren Sie dann aus der Fantasie zurück in den Raum. Schreiben Sie Ihre Erlebnisse detailliert auf, indem Sie die Kassette abhören.

Lesen Sie sich Ihre Aufzeichnungen im Wachzustand durch und prüfen Sie, ob diese Wahrnehmungen etwas mit Ihrem derzeitigen Beruf bzw. Ihrer Firma und dem dazugehörigen Umfeld (draußen) zu tun haben könnten.

Versuchen Sie, Ihre Wahrnehmungen in Bezug auf Ihr Berufsleben zu entschlüsseln.

Antworten vorhersagen

Stellen Sie sich drei Personen vor, denen Sie heute im Verlauf Ihres Arbeitstages begegnen werden. Stellen Sie diesen drei Personen im Geiste die Frage: Wie geht es dir heute? Und hören Sie die Antwort, die die Person Ihnen gibt. Stellen Sie dann den realen Personen auf Ihrer Arbeitsstelle diese Frage und prüfen Sie die Übereinstimmung mit Ihren intuitiven Wahrnehmungen.

Bedenken Sie auch, dass die Antworten möglicherweise nicht ganz der Wahrheit entsprechen und notieren Sie diese Vermutungen.

Je öfter Sie diese Übung machen, desto präziser werden Ihre Antworten ausfallen.

Fragen klären

Nehmen Sie mehrere gleich große Zettel und genauso viele gleiche Briefumschläge zur Hand.

Schreiben Sie Fragen auf, die Sie zu Ihrem Berufsleben haben, auf jeden Zettel eine Frage. Packen Sie jede

Frage in einen Umschlag, sodass Sie anschließend nicht mehr wissen, welche Frage in welchem Umschlag liegt.

Begeben Sie sich jetzt an einen schönen Ort in der Natur oder in Ihrer Wohnung.

Legen Sie Ihr Intuitionstagebuch neben sich und einen schreibbereiten Stift.

Nehmen Sie dann einen der Umschläge zwischen Ihre Handflächen und entspannen Sie sich. Schließen Sie für einige Minuten die Augen ... Öffnen Sie die Augen und nehmen achtsam wahr, was Sie in einer Blickrichtung sehen, ... was Sie hören, riechen, schmecken und fühlen ... Schreiben Sie alles auf oder sprechen Sie es auf Ihr Diktiergerät ...

Kennzeichnen Sie den Text mit 1 und schreiben auch eine 1 auf den Umschlag. Beantworten Sie auf diese Weise jede Ihrer Fragen.

Wenn Sie fertig sind, lesen Sie sich Ihre Antworten gründlich durch und versuchen Sie, Hinweise zu entdecken, die Ihnen die Antworten geben.

Offen bleiben

Manchmal führt uns das »Schicksal« selbst auf eine Spur, ohne dass wir das Geringste dazu tun müssen. Alles, was notwendig ist, geschieht wie von selbst: Wir müssen nur offen bleiben. Gerade aus so genannten Schicksalsschlägen oder beruflichen Misserfolgen entsteht manchmal das, was wir uns sehnlichst wünschen. Wenn man von irgendetwas »betroffen« ist, bieten sich immer auch neue Chancen. So haben viele Eltern behinderter Kinder ihrem Leben eine ganz neue Richtung gegeben, indem sie Vereine oder Selbsthilfegruppen gründeten und Dinge meisterten, von denen sie nie geglaubt hätten, sie schaffen zu können. Sie wurden vielleicht Geschäftsführer oder Schriftsteller und erwarben völlig neue Kompetenzen.

Als ich vor zehn Jahren in der *Zeit* eine Anzeige las, hüpfte mein Herz vor Freude. Ich hatte meine Traumstelle entdeckt und endlich bot sich die Chance, aus der Großstadt aufs Land zu ziehen. Völlig begeistert schrieb ich meine Bewerbung und erhielt später einen Anruf meiner potentiellen Chefin. Wir waren uns auf Anhieb sympathisch und sie fand mich sehr qualifiziert für die geforderte Aufgabe, ein Modellprojekt für Kinder und Jugendliche zu leiten.

So fingen wir an, im nördlichsten Zipfel Deutschlands eine Wohnung zu suchen und fanden auch wie durch wundervolle Fügung ein Haus, das uns total begeisterte.

Dann nahte der Termin des Vorstellungsgespräches und schon als ich dem Gremium gegenübersaß, wusste ich, dass ich keine Chance hatte.

Und so war es auch. Nach mir hatten sich hunderte weit erfahrenere Menschen beworben und ich wurde abgelehnt.

Wir hätten nun die Möglichkeit gehabt, alles rückgängig zu machen – aber irgendetwas sagte uns: Wir tun es trotzdem.

Ein Glück – kann ich heute nur sagen, denn durch diesen »Sprung ins kalte Wasser« des Existenzminimums lebe ich endlich so, wie ich immer leben wollte und bin rundum zufrieden.

Auch Hella hat ihren eigenen Weg gefunden. Sie war als kaufmännische Angestellte zwar nicht gerade begeistert von ihrer Arbeit, aber durchaus zufrieden damit. Eines Tages starb in ihrem Dorf ein Jugendlicher ganz unerwartet. Weil die Familie nicht der Kirche angehörte, wollte der Pastor ihn nicht beerdigen. Als gute Bekannte wurde sie gefragt, ob sie nicht die Trauerrede halten könne.

»Ich setzte mich hin und es war, als würde meine Hand geführt. Ich sah mich schreiben – und staunte nur«, erzählt Hella. Auch die Trauergemeinde fühlte sich sehr angesprochen und verstanden. So war es kein Wunder, dass Hella immer öfter als Rednerin angefordert wurde, immer mit dem gleichen Erfolg. Das verblüffte sie selbst – und machte sie stolz.

Schließlich hatte sie die Idee, sich an Beerdigungsinstitute zu wenden, um ihre Dienste anzubieten. Sie wurde sofort eingestellt. Inzwischen bietet sie zusätzlich Trauerbegleitung an und ist erfüllt und glücklich über ihre Berufung, von der sie vorher nichts ahnte.

Danksagung

Dieses Buch verdanken wir unseren Engeln. Sie führten mich zunächst zu Edith Dörre und in die Märchengruppe, in der ich nun schon seit sieben Jahren meine Intuition schule. Durch die Begegnungen mit den wunderbaren Frauen in dieser Gruppe ist mein Vertrauen gewachsen.

Später begegnete ich Rona Mohr, mit der ich nun schon seit einigen Jahren Seminare gebe und Bücher schreibe. Unser gemeinsames Lachen und Weinen und unsere Intuitionsgruppe haben uns zu diesem Buch inspiriert.

Hinweis auf Seminare

Wenn Sie Interesse an einem Intuitionsseminar haben, wenden Sie sich an:

Gisela Preuschoff
Hüholzer Weg 14
24975 Ausackerholz
Tel.: 04634/773
Fax: 04634/17 88
E-Mail: Gisela@fachpraxis-preuschoff.de

Literatur

Adrienne, Carol: *Erkenntnis und Zufall. Den Sinn des Lebens finden.* München 2001

Cameron, Julia: *Der Weg des Künstlers. Ein spiritueller Pfad zur Aktivierung unserer Kreativität.* München 2000

Choquette, Sonia: *Dem Herzen folgen. Wie Sie und Ihr Kind der Intuition vertrauen lernen.* Freiburg 2001

Day, Laura: *Praktische Intuition. Der sechste Sinn in Liebe, Partnerschaft und Beruf.* München 1998

Dies.: *Mit PI zum Erfolg. Praktische Intuition für Karriere, Reichtum und Glück.* München 2000

Dies.: *PI in der Liebe. Mit praktischer Intuition zu Erfüllung und Glück.* München 1999

Faas, Angelika: *Intuition – zum rechten Zeitpunkt das Richtige tun.* Freiburg 2000

Fox, Matthew u. Sheldrake, Rupert: *Engel. Die kosmische Intelligenz.* München 1999

Fox, Sabrina: *Die Sehnsucht unserer Seele. Die Lust, den eigenen Weg zu finden.* München 1999

Gawain, Shakti: *Entwickle deine Intuition. Praktische Hilfen für das tägliche Leben.* München 2001

Hellinger, Bert: *Die Mitte fühlt sich leicht an. Vorträge und Geschichten.* München 1996

Johnson, Richard L.: *Ich schreibe mir die Seele frei. Wege zur Harmonisierung des ganzen Gehirns.* Freiburg 1995

Krystal, Phyllis: *Die inneren Fesseln sprengen. Befreiung von falschen Sicherheiten.* Berlin 2001

Martiny, Anita: *Der sechste Sinn. Intuitive Fähigkeiten entdecken, trainieren und nutzen.* Berlin und München 2000

Mohr, Bärbel: *Der kosmische Bestellservice. Eine Anleitung zur Reaktivierung von Wundern.* Düsseldorf 1999

Nidiaye, Safi: *Die Weisheit der inneren Stimme. Vertrauen Sie Ihrer Intuition.* München 2001

Rosenberg, Marshall B.: *Gewaltfreie Kommunikation – Aufrichtig und einfühlsam miteinander sprechen. Neue Wege in der Mediation und im Umgang mit Konflikten.* Paderborn 2001

Tepperwein, Kurt: *Super-Intuition. So entwickeln Sie Ihre verborgenen geistigen Fähigkeiten.* Landsberg 1998

Tolle, Eckhart: *Jetzt! Die Kraft der Gegenwart. Ein Leitfaden zum spirituellen Erwachen.* Bielefeld 2001